고사성어로 읽는『중용』

인문의 시소를 타고 놀아보자

Riding a seesaw of Humanities beanbag

인문의 숲 고전 001

고사성어로 읽는 『중용』
인문의 시소를 타고 놀아보자

초판 인쇄 2013년 8월 8일
초판 발행 2013년 8월 14일

지은이 이운묵
발행인 유순녀
펴낸곳 도서출판 인문의 숲
출판등록 제 2013-000002호 (2013. 01. 09)

우편: 153-863
주소: 서울시 금천구 시흥대로53, 3-303(시흥동, 현대빌라)
전화: 02-749-5186
팩스: 02-792-5171
메일: inmuns@daum.net

ISBN 979-11-950530-1-8 03150

정가: 15,000원

* 이 책은 국립중앙도서관과 국회도서관 홈페이지에서 검색 가능합니다.

고사성어로 읽는『중용』

인문의 시소를 타고 놀아보자

Riding a seesaw of Humanities beanbag

이운묵 편저

인문의 숲

현대인들에게 고전『중용』은 어떻게 인식되고 있는가?

현대인들은 왜? 반드시 고전『중용』을 알아야 하는가?

자칫 현대사회에서는 케케묵어 아무짝에도 쓸모없는 난해한 학문 정도로 인식되지나 않을까 출간에 앞서 참으로 걱정이 앞선다. 하지만 어렵다고해서 포기할 일이 아님을 알고 그것은 과거에도 그랬던 것처럼 반드시 현대인들에게도, 미래세대에도, 지구상에 우리 인류가 존재하고 있는 한, 한시도 우리의 일상에서 떼어내려야 떼어낼 수 없는 소중한 생활사상이요 실천철학이기 때문이다.

잘난 사람이나, 못난 사람이나, 남녀노소 모두를 막론하고 숨 쉬고 살고 있는 한 이『중용』사상의 범주를 절대 벗어날 수 없다. 아무리 물질문명이 우리의 삶에 넘쳐나도 행복을 갖기란 어렵다. 그러나 그 진정한 삶의 행복을 일깨우는 학문임에 틀림이 없다는 것을 알게 하고 각자의 처해진 환경에서 희망과 행복을 갖도록 하기 위함이다. 우리 인간들은 태어나는 것은 그냥 목적 없이 태어났는지 몰라도 각자의 삶에 행복과 그 권리만큼은 그 무엇과도 바꿀 수 없는 소중한 가치이다. 그 권리는 우리가 누려야할 여러 가지 권리 중에서도 제일 으뜸의 권리이다. 그 권리 때문에 태어나 성장하는 과정에서 정신없이 배우고, 힘들게 일을 하고, 결혼도 하고, 열정으로 하고 싶은 것 하면서 살려고 하는 것이다. 그렇게 해서 삶의 행복을 찾아 누릴 수 있다면 그것이야말로 진정한 행복이 아닐까?

우리의 고전에서 『중용』과 『대학』은 유교사상뿐만이 아니라 동양사상의 전반을 이해하는데 매우 중요한 고전사상 이론서이다. 이것은 『논어』, 『맹자』와 같은 고전을 읽기 위한 입문과정이기도하다.

그러나 문제는 일반인들이 편안한 마음으로 마음 놓고 중용을 읽기에는 쉽지가 않다. 아무리 해석을 쉽게 했어도 뜻모를 한자어에 한계는 있게 마련이다. 서점에 고전 관련 책들이 많이 나와 있고 다양한 방법으로 독자의 입장을 고려해서 쉽게 해석했다고는 하나 역시 학문을 위한 학문, 학자를 위한 학문서 들이다. 때문에 학생들은 물론 남녀노소 일반인들이 중용의 깊고 넓은 학문적 이해를 어떻게 우리의 일상에서 참고할 수 있는지 막연하다는 생각이 든다. 그래서 더욱 어렵고 현대인들에게 더욱 멀어지게 되는 것 같다.

이런 점들을 감안하여 누구든지 쉽게 읽기고, 쉽게 이해할 수 있도록 하기위해 독자에게 전하려는 메시지의 핵심 키워드(key word)를 세 가지로 압축했다. 첫째는 미래의 '균형과 조화(Balance and harmony)'에 대한 핵심적 가치를 인식시키려는 의도이다. 둘째는 새로운 행복(New happiness)의 가치추구이다. 첫 번째의 가치가 실현되고 나면 우리의 궁극적 목표인 행복이 보다 많은 사람들에게 주어질 수 있기 때문이다. 셋째는 변화의 가치(Value of change)이다.

이제 미래사회의 트렌드는 어떠한 변화와 상황 속에서도 중심을 잃지 않고 균형과 조화를 이루어내는 가치가 우선시 되어야한다. 그리고 이것을 통해서 우리 자신의 삶과 더불어 사는 것의 '진정한 행복추구의 가치'를 구현하고 성인들의 가르침에서 온고지신인 삶의 지혜와 그 도리를 익히려는 인문정신의 메시지라고 이해하면 될 듯싶다.

'중용'에선 균형과 조화의 가치와 행복추구의 가치 말고도 더더욱 많은 가치를 총체적으로 담고 있다. 그러나 일단 우리가 이 '중용'을 통해서 알게 된 '균형과 조화'의 보편적 가치만이라도 제대로 이해하고 잘 실천할 수 있어도 절반은 성공이다. 중용은 정치 · 경제 · 사회 · 문화 모두를 망라해서 중심적 균형과 조화로써 미래사회의 문명을 창달하라는 인문정신의 메시지이다.

이는 인간의 삶에 근본적 원리기 때문이다. 중용은 이처럼 그 어디에도 적용되지 않는 곳이 없다. 이제부터 중용은 더 이상의 학문을 위한 명사적 고전이어서는 안 된다. 이젠 현대인의 일상적 삶에서 동사적 개념의 생활실천철학적영역이다. 중용은 한시도 인간의 삶을 떠나 있었던 적이 없는 생활 속에 실용사상이다. 21세기 들어 서양문명과 학자들이 다시 동양

사상의 심오한 뿌리를 배우기 시작했다.

이제 '중용'은 학문만을 위한 고전이어서는 안 된다. '중용'이라는 고유명사에서 벗어나 하루빨리 현대인들에 일상으로 들어와 실천되어지는 '동사'적 학문으로 거듭나야 한다. 그것은 움직임의 현상 속에서 인간의 삶이 창조되어지기 때문이다. 현대인들의 손과 발에서 활발하게 작용하여 사물과 사물, 인간과 인간, 자연과 과학의 관계에서 중화를 이루고 불균형과 부조화의 현상을 새롭게 승화 변화시키는 '동사적' 인문정신의 매개체로서 미래사회의 새로운 문명창달을 이룩해야하기 때문이다.

우리 인간이 추구하는 쾌락이나 행복도 명사가 아닌 구체적 '동사'에서 만들어진다. 또한 제아무리 훌륭한 학문이라도 인간의 삶에 행복을 주지 못한다면 그것은 형식의 불과한 학문이고 무미건조한 철학일 뿐이다. 시대가 다르다 해서 삶과 행복의 근원이 바뀌는 것은 결코 아니다. 현대를 사는 우리가 21세기 미래의 주역인 문명인들이라고는 하지만 우리는 알 수 없는 문명과잉시대의 증후군과 같은 중병을 앓고 있는지도 모른다. 때문에 삶의 가치가 흔들리게 되고 '중심과 균형'을 잃게 되는 한 원인이 된다. 따라서 나의 '중심잡기'와 '행복찾기'에 지침이 될 수 있는 진지한 학문에 관심을 기울일 필요가 있다.

우리의 일상적 생활은 모두가 관계와 관계 속에 이루어지는 현상과 작용의 결과이다. 이를 실천하는 중심(中心=중용적 사고)은 결국 존재하는 나로부터의 시작이다. 일상에서 스스로 실천하고, 스스로 깨닫고, 스스로 쌓아 가는 것이 우리가 완성시켜가야 할 덕(德)의 가치이다.

최상의 덕은 바로 인(仁)에 근본이라고 한다. 이런 인문정신의 완성이'행복의 삶'을 실현하는 궁극에 가치가 될 것임이 분명하다. 이것은 세상의 관계 속에서 나의 중심(中心)을 찾는 것이고 제대로 된 나의 삶을 실현해 가는 중도적 중용의 도리(道理)이다. 그 속에서 우리의 삶이 '균형과 조화'를 이룸으로서 모두가 더 많이 행복할 수 있으리라는 희망찬 기대가 되기 때문이다.

■ 일러두기

이 책 '고사성어로 읽는 중용『인문의 시소를 타고 놀아보자』' 에서의 특징은 다양한 고사성어가 가지고 있는 뜻에서 '중용적 사상'을 분석한 내용이다. 우리의 삶에 지혜가 될 수 있는 고사성어를 통해 '중용의 참 뜻'을 이해하고 중심적 사고와 합리적 균형이 어떻게 현대사회의 인간관계에서 작용되고 이해될 수 있는지를 설명하려 했다.

이 책 후편에 중용 제1장에서 제33장까지 '중용원문'을 실었고 각장의 내용을 의역이 아닌 직역에 가깝게 해석한 것은 독자들이 중용의 원문을 보다 쉽고 충실히 이해하는데 편의를 도모하기 위함이다. 각각의 원문에 맞게 별도의 토를 달고 원문과 해석이 간결하게 함으로써 중용에 기초가 없는 독자들의 독해를 쉽게 한 것이 이 책의 특징이다. 그리고 이 책의 원문은 주자의 장구를 따랐으며 토는 문맥을 고려하여 고어고투를 그대로 사용하기도 했다.

『중용』은 개략적으로 보면 인간의 본성으로부터 인간의 삶 속에서 이루어지는 자연의 이치, 도리, 근본, 사물의 작용과 현상, 관계와 관계를 비롯해서 인간의 삶에 모든 존재와 가치들에 대한 내용으로 구성되어 있다. 그러나 본 책에선 기존 '중용' 원문의 형식에 얽매이지 않고 필요한 것만 선별적으로 기술한 것이 본서의 특징이라 할 수 있다.

■ 본 책의 구성

부득이 이 책에서는 남녀노소 누구나 쉽게 읽고, 쉽게 이해하고, 쉽게 알게 하기 위한 목적에서 꼭 필요한 부분만 발췌 인용하여 이해를 돕고자한 것이 특징이다.

특히 책의 구성에 있어서도 중용 각장의 순서대로 각장의 원문형식에 맞춰 원문에 번역과 요지를 해석하는 방식을 과감히 탈피하고 원문은 책의 뒤편에 두어 꼭 읽지 않아도 되게 하였다. 그것은 본 책의 내용이 자칫 학문을 위한 학문적 이론에 치우치게 될 우려를 범하지 않기 위해서다.

독자들로 하여금 마치 학문적 이론에 능통해야만 이 '중용'을 잘 이해하고, 잘 알아야 실천할 수 있다는 독자들의 편견이나 오해를 염려해서다. 너무 지나치게 학문적 이론에 사로잡히게 되면 더더욱 어려워질 수 있기 때문이다. 따라서 개략적 이해와 해석이 좋고 그것만으로도 '중용'을 현대인들이 일상에서 충분히 이해하고 중용적 도리를 실천함에 있어서도 별 문제가 되지 않기 때문이다.

학문적 원문 해석에 초점을 두었어야했다면 그것은 굳이 이 책이 아니라도 좋다. 그것은 이미 많은 학자들의 조밀한 이론을 바탕으로 한 훌륭한 저술서가 서점에 많이 나와 있으나 깊은 학문적 이해가 필요하지 않은 일반 독자들이 읽기에는 너무 어렵기 때문이다.

본 책 시리즈의 구성과 각권의 내용을 보면 다음과 같다.

1권 '인문의 시소를 타고 놀아보자'에서는 고사성어로 알아보는 균형과 조화의 교훈이다. 우리의 삶에 지혜가 될 수 있는 고사성어를 통해 중용의 참 뜻을 이해하고 중심적 사고와 합리적 균형이 어떻게 인간관계에서 이해될 수 있는지를 설명하려 했다.

2권 '잠든 명사를 깨워라'에서는 중용의 이해와 더불어 개념을 각각의 주제와 내용에 따라 중용의 기본적 개념과 이론을 포괄적 내용으로 담고 인용문에 맞춰서 주석을 달았다. '중용의 이해'와 관련하여 현대적 감각과 정서로 필자의 중심적 개념을 정의하고 '중심의 중'과 '중용의 중' 사이에서의 연관성을 찾아 동의적 개념으로 일치시키고 설득하려했다. 결국은 '중심의 중'이나 '중용의 중'이나 같은 뜻임을 설명함으로써 중용에서 이해하기 어려운 '중'을 알기 쉽게 설명하였다. 그리고 그 중심이 모든 사물의 작용과 현상에서 어떻게 '균형과 조화'를 이루는 근거가 되는지 짚어보았다.

3권 '희망을 잉태한 동사'에서는 우리의 일상과 삶에서 일어나는 현상들과 사회의 현상들에서 문제시 되는 '불균형적 요소'들을 찾아내어 균형과 조화의 합리적 작용에 대한 사례를 들어 중용에서 말하는 실천적, 실용적 사상의 이해를 들어 알기 쉽게 했다.

4권 '이자견 저자견'에서는 현대인의 일상적 삶의 대명사라 할 수 있고 현대사회의 근간이랄 수 있는 정치 · 경제 · 사회 · 문화를 각각의 테마로 분류하였고 그 테마에서 중요시되는 사회적 기능과 작용에 대해서 분석하고 중용의 도리와 이론에 바탕이 어떻게 중심과 균형을 이루고 조화롭게 작용할 수 있는지에 대한 사례와 어떻게 실용적, 실천적생활철학사상으로 작용하고 있는지를 알아보았다.

각권 말미마다 중용 제1장에서 제33장까지 '중용원문'을 실었고 각장의 내용을 의역이 아닌 직역에 가깝게 해석한 것은 독자들이 중용을 이해하는데 편의를 도모하기 위함이었다. 각각의 원문에 맞게 별도의 토를 달고 원문과 해석이 간결하게 함으로써 중용에 기초가 없는 독자들의 독해를 쉽게 한 것이 이 책의 특징이다.

'중용'은 개략적으로 보면 인간의 본성으로부터 인간의 삶 속에서 이루어지는 자연의 이치, 도리, 근본, 사물의 작용과 현상, 관계와 관계를 비롯해서 인간의 삶에 모든 존재와 가치들에 대한 내용으로 구성되어 있다. 그러나 본 중용 시리즈에서는 기존 '중용' 원문의 형식에 얽매이지 않고 필요한 것만 선별적으로 기술한 것이 본서의 특징이라 할 수 있다. 때문에 이 4권의 책에서 아직 기술하지 못한 것이 많다. 이를테면 각장마다 원문 전체를 다루지 않았다. 그것은 이 책의 키워드가 '균형과 조화'에 맞춰 있었기 때문이다. 따라서 '균형과 조화'에 핵심적인 부분과 연관성이 적거나 없는 부분들에 대해서는 과감히 생략하고 선별적 취사를 했다. 그러나 책의 후미에 '중용'에 원문을 제1장에서 제33장까지 순서대로 기술하고, 간단히 직역을 해둠으로써 독자들이 필요한 앞, 뒤 문맥을 이해하는데 도움이 되도록 했다.

■ 차 례

■중용 원문■

고사성어로 읽는 중용

갈 사람은 가고 올 사람은 오는 것

거자불추 내자불거(去者不追 來者不拒)

옛말에 '가는 사람 붙들지 않고 오는 사람 막지 않는다(去者不追 來者不拒)'라는 말이 있다. 이 말은 가고, 오는 사람의 입장과 자유의사를 과연 얼마나 존중한 말일까? 얼핏 보면 오감에 있어 제약이 없고 자유를 보장하는 말처럼 들린다. 하지만 갈 수밖에 없는 사람을 등 떠밀어 보내고, 올 수밖에 없는 사람을 못 오게 막으려한 말은 아니었는지. 자못 헷갈린다.

그러나 이 말은 맹자가 등(藤)나라에 갔을 때의 일로 전해진다. 별궁지기가 삼으로 신발을 짓다가 창가에 두었는데 그때 누가 그것을 가져갔는지 신발을 잃어버렸다. 그러자 맹자의 제자 중 한사람이 맹자에게 말했다. 혹시 "스승님을 따라온 사람 가운데 누가 가져간 것은 아닐까요?"하고 물었다 한다. 맹자 왈, "그까짓 신발 따위를 훔치려고 누가 나를 따라왔겠는가?"라고 반문했다고 한다. 그러자 그 사람은 맹자께 이렇게 대꾸했다. “그렇지는 않겠지요. 그렇지만 스승님은 글을 가르치실 때 떠나는 사람을 결코 붙드시지 않았고 오는 사람도 막지 않으셨습니다.”라고 했다고 한다. 그렇다. 맹자께서는 사람들이 누구든 오감에 있어서 강제하거나 억압하지 않았고 자유의사를 존중하고 계셨다. 그래서 오고 싶은 사람은 오고, 가고 싶은 사람은 자유롭게 가게 함으로써 사람과 사람의 관계가 물 흐르듯이 자연스럽게 했다. 마치 바람이 불고 싶으면 불고 머물고 싶으면 머물도록 한 것과 마찬가지다. 사람에게도 자연처럼 하고 싶은 대로 자연의 순환이치에 맡기셨다는 말이다. 이처럼 거자불추 내자불거(去者不追 來者不拒)는 이런 뜻에서 유래된 고사 성어이다.

하지만 오늘날 이 같은 말은 가고 싶어도 못 가고, 오고 싶어도 못 오게 하려는 의도가 깔린 말로도 사용되고 있다. 사회생활을 하다보면 직장이라든가 사회공동체 속에서 얼마든지 흔하게 있을 수 있는 일이다. 또 과거 조선시대 때에 가정에서 아내나, 며느리의 입장을 억압하고 강제하기 위한 말같이도 들린다.

과거 지나치게 엄격하고 억압적이던 유교문화에서 남성중심의 윤리의식이 여성들을 부당하게 대우하려는 의도에서 왜곡 아전인수(我田引水) 격으로 편리하게 해석하여 아녀자들에 오고감에 자유를 묶어 놓으려했던 것은 아니었는지. 의심이 간다. 어찌 보면 오고감에 있어서 자유의사를 존중했다기보다는 잘못 판단하여 집을 나갔을 때엔 어떤 경우라도 다시는 되돌아오지 못한다는 일방적인 강제적 암시가 들어가 있는 말 같기도 하다.

이 '거자불추'의 경우도 마찬가지다. 일단 내 집에 한번 들어온 이상 어떤 경우라도 떠날 수 없다는 전재가 깔려 있는 말 같기도 하다. 다시 말해서 오고감에 있어서 자유의사를 존중하고자 함이 아니라 오히려 가든 말든, 아니면 오든 말든 관계치 않는다는 말처럼 들린다. 또는 올 때는 마음대로 왔으나 갈 때는 마음대로 못 간다. 또 갈 때는 마음대로 갔으나 올 때는 마음대로 못 온다는 전제를 깔고 있는 듯하다. 관계치 않는다는 말은 애정이 없는 무관심이기도하다.

결국 관계치 않는다는 무관심적 표현 속에는 또 다시 무관심적 방법으로 오고감에 대한 자유를 억압하고 강제함이 암시되어 있음이 분명하다. 인간관계에 있어서 무관심은 최고의 형벌이라고 했다. 이것이 요즘 현대사회에서 독버섯 같이 곳곳에서 도사리고 있는 소위 왕따(따돌리기)만들기다. 공부하는 학생들에게만 국한된 것이 아니다. 직장을 비롯해서 사회 곳곳에 이런 현상들이 사회 독버섯처럼 돋아나고 있다.

바야흐로 현시대는 문명의 변천에 따라 다변화와 다원화의 시대에 살아가고 있다. 때문에 추구하는 삶의 대한 가치관의 변화에도 다양한 현상이 일어나고 있다. 그럼에 따라 사람들의 오감에 행태에도 다양한 원인과 다양한 현상이 생겨나고 있다. 그러나 어쨌든 사회생활에 있어서나 가족구성원 중에는 이런 저런 이유에 의해서 오고감에 원인이 생기게 마련이다.

우리의 현실 속에는 남남이 부부로 만나 살다 보면 의견충

돌도 생기고 경우에 따라서는 갈라서지 않으면 안 될 일도 가끔은 생기게 마련이다. 그럴 때마다 잘잘못에 관계없이 내가 참을 걸 하고 후회도 한다. 그러나 이미 마음변해서 떠나가는 사람을 붙든다고 안갈 사람도 없고 예전같이 다시 화목한 부부가 되어 산다는 보장 또한 없다. 하지만 그렇다고 그냥 떠나게 내버려 두면 더 큰 어려움이 물밀듯이 밀려든다. 그것이 두려워서라도 자기의 주장을 굽히고 양보하여 잡을 수 있으면 다시 잡아 앉히고 쌓인 분노를 풀어줘야 한다.

그러나 그 자존심이 무엇인지 먼저 사과를 하면 큰일이라도 나는 것처럼 우린 사과에 대하여 매우 인색하다. 잘못이 있을 때도 그렇지만 잘못이 없을 땐 더욱 사과에 익숙하지 못하고 그럴 용기와 자신도 없다.

서양속담에 "바다는 어떠한 강물도 거절하지 않는다(The sea refuses no river)."[1] 라는 말이 있다. 그렇다. 그 어떤 강물도 거절하는 바다는 없다. 바다를 향해 오는 강은 그 어떤 이유도, 조건도 없다. 그냥 아무 조건 없이 받아드린다.
다만 빠르거나 느림의 차이만 있을 뿐이다.

그것이 자연의 위대함이다. 그러나 우리 사람들은 어떤가. 내가 싫어서 가는 사람이야 어쩔 수 없는 것이고 어차피 떠날 사람이니까 하고 때가 되지도 않은 사람을 서둘러 보내거나 서둘러 가도록 종용하거나 심리적 압박을 가한적은 없었는지 한 번 생각해 볼 일이다. 그랬다면 그것은 자연스러움이 아닌

---

1) 이동진 편저, 『동서양의 고사성어』, 해누리, 2005, p, 32 참고인용.

인위적이고 물리적인 행위로서 마찰과 충돌로 분심을 빚게 된다. 그러므로 우리는 용서와 화해가 아닌 또 다른 불신과 증오를 갖게 된다. 먼저 떠나간 사람이 잘못 판단했어도 그것은 어디까지나 떠나간 사람의 오류에 몫으로 생각하고 만다.

그러나 이젠 과거처럼 "죽어도 그 집 귀신이요 살아도 그 집 귀신이다."라는 말처럼 사는 것을 더 이상 현대인들은 세상의 미덕으로 생각지도 않고 용납하지도 않는다. 또한 우리 사회도 결코 용납하지 않는다. 사회 일각에서는 '거자불추'를 아전인수(我田引水) 격으로 편리하고 엉뚱하게 해석하는 사람들도 있다. 그러므로 도덕과 윤리의식이 무너지고 있다.

보잘 것 없는 짐승도 자기 자리를 가리는 것이고 하늘을 나는 새들도 나뭇가지를 가려서 앉는다고 했다. 짐승들도 그럴진대 사람이 아무에게나 가고오고, 아무하구나 정을 주고 받는다면 그것은 '거자불추 내자불거'의 갸륵한 참뜻이 훼손되고 자연의 도리에 부합하지 못하는 이치이다.

'거자불추'나 '내자불거'는 그렇게 불순한 사상이 아니다. 순수한 바다처럼, 강물처럼 자연스럽게 흘러흘러 미지의 세상을 향해가도록 하는 오고감이다. 그것이 세상사 자연만물의 이치를 역천하지 않고 균형과 조화로 그 우주 자연의 '중심(中心)'을 지켜가는 것이리라. 가고 오는 것도 세상사 균형과 조화를 위해서다. 간만큼 와야 하는 것이고 온 만큼은 가야하는 것이 맞다. 가기만 하고 오는 것이 없다면 비워진 자리는 무엇으로 채워야할까? 또한 오기만 하고 가질 않는다면 자연만물의 균형이 깨지고 자연스러움의 질서가 무너지게 된다.

그런데 사실 따지고 보면 요즘 현대사회야말로 가고 싶어도, 오고 싶어도 마음대로 오갈 수 없는 것이 현실이다. 오고감에 행복과 자유가 보장된 것처럼 보이지만 사실은 그렇지가 않다. 우선 우리의 삶에 방식과 터전이 그렇다. 그렇게 이 시대를 사는 도시의 현대인들에 대다수가 부자유라는 틀 속에 묶여서 제한된 자유와 작은 행복으로 하루하루를 겨우 연명하듯 한다. 그럴진대 어찌 진정한 오고감에 자유와 행복[2]이 있으랴. 자유와 행복에 대하여 C.폴록은 "넘치는 것과 부족한 것의 중간쯤에 있는 조그마한 역이다. 사람들은 너무 빨리 지나치기 때문에 이 작은 역을 못 보고 지나간다."라고 말했다. 또한 C.P.보들레르/엘레바시옹은 "종달새처럼 분방(奔放)하게, 아침하늘에 날아오르는 자는 행복하여라… 이 세상의 하늘 위를 날아다니며 피어나는 꽃과 소리 없는 것들의 밀어(密語)를 쉽사리 이해할 수 있는 자는 행복하여라." 라고 말했듯이 인간의 삶에서 진정한 행복이란 어쩜 이런 것들이 아닐까라는 생각이다.

그러나 21세기 문명시대를 사는 현대인들의 삶은 어떤가? 우린 지난 날 속된 말로 서울이 먹고 살기 좋다하여 물밀듯이 서울로, 서울로만 너나할 것 없이 몰려들었었다. 그러다보니

---

2) 자유와 행복– 자유와 행복이란? "내 멋대로 헤엄쳐나가는 법을 배워라. 문명의 소용돌이 현대사회의 거센 물살 속에서 살아남는 길은 온몸으로 헤엄치는 재주에 달려있다. 좋아하는 것을 하고, 좋은 것을 고르고 선택하는 재미를 잃지 않은 삶은 천금보다도 가치 있는 행복이다." 민용태, 『행복의 기술』, 문학바탕, 2007, p, 192, 참고인용.

오늘의 서울이 포화상태가 되었고 커질 대로 커진 서울이 또 다른 기현상들을 만들어가고 있다. 이제 더 이상 서울을 늘리고 싶어도 늘릴 수 없는 상태가 되고 말았다. 늘릴 수 없는 서울도 문제지만 서울로 오기 위해 비워두고 떠나온 우리의 가족, 우리의 이웃들, 우리의 고향이 참혹하게 버려지고 더 심각한 문제가 되고 있다.

이처럼 우리의 직장, 우리의 사회, 우리의 삶이 심각한 사회적문제가 되었다. 때문에 과거 급기야 국가의 권력이 나서서 '국가균형 잡기'에 나섰다. 중심을 잃고 흔들리는 국기(國氣)의 균형 잡기에 나선 것이다. 그것이 이른바 극약처방과 같은 조치로서 국가균형발전을 목적으로 하는 행정수도 건설이다. 오죽이나 사회적 불균형과 그 폐해가 심각했으면 행정부처 이전을 생각을 했을까?

국가는 이 나라의 백년대계를 위해서라도 마땅히 새로 초석을 놓지 않을 수 없었을 것이다. 때문에 오랫동안 설왕설래 하는 국민적 여론을 거쳐서 법을 고치고 난리를 쳤지 않았는가. 그래서 국민적 합의를 어렵게, 어렵게 이루어냈다. 왜 우린 오래전부터 국가지도자나 정치권의 위정자들이 진즉 그런 일에 선견지명을 갖지 못했을까? 진즉 좀 더 조화로운 균형적 감각으로 세상을 만들어가고 국가를 운영했다면 이토록 많은 국가의 경제적 손실과 국민의 대립적 갈등을 겪지 않고도 그 험난한 시행착오를 거치지 않을 수 있었으리라. 그랬으면 그 옛날 요순시대의 태평성대처럼 자손대대 누릴 수 있는 행복이 되지 않았을까.

어찌됐던 간에 우린 이제라도 그 변화의 물결 속에서 균형과 조화의 중심[3]을 바로보고 잡아야 한다. 우린 새로이 그 인식의 폭을 넓혀감으로서 삶의 영속성을 담보할 수 있고 선진문화의 창출과 국가의 비전을 변화와 함께 창출해가야 한다. 때문에 우린 나 하나만이라도 '오고가는 일'에 있어서는 생각의 생각을 거듭하여야한다. 오는 쪽만 생각해서도 안 되고 가는 쪽만 생각해서도 안 된다. 다시 말해 오든 가든 양쪽 모두에 입장을 살피고 이해하여야 한다. 그렇게 하기 위해서는 올 때를 맞추어 오고, 갈 때를 맞추어 가야한다. 이것이 중용에서 강조하는 군자이시중(君子而時中)이다. '거자불추 내자불거'의 참 뜻을 되새기고 왜곡 또는 경솔하지 말아야한다. 그래야 개인은 물론 우리도, 국가도 반드시 후회가 없다.

3) 중심(中心) – 우리의 시중(時中)은 "때에 따라 중심을 잡으라."는 말이다. 군자지중용야, 군자이시중(君子之中庸也, 君子而時中) – 군자가 중용을 지킴 은 군자는 알맞은 때를 가려 일을 하고 견지하기 때문이다. 이것이 바로 적시적합(適時適合)이고 이것은 어떤 일이나 상황을 맞이해서 결론에 대한 판단이나 결정을 내리는 때와 행위를 함에 그것에 맞는 가장 알맞은 때를 말함이다. 김충열,『김충열 교수의 중용대학강의』, 예문서원, 2007, pp,139~140 참고인용. 양방웅,『중용과 천명』, 예경, 2006, p, 44, 47 시중(時中) 참고인용. 한 발은 문명 쪽에, 또 다른 한 발은 자연 쪽에 두고 삶의 균형을 유지하는 방법을 배우라는 뜻이다. 민용태,『행복의 기술』, 문학바탕, 2007, p, 228, 참고인용.

지나친 집착과 승부욕이 부른 개의 죽음

견토지쟁(犬兎之爭)

개와 토끼가 싸우면 어느 쪽이 이길까? 당연히 덩치 큰 개가 이길 것이라고 믿는 것은 당연한 이치다. 그러나 혹자는 그렇지 않다고 말할 수도 있다. 토끼는 약하기 때문에 꾀가 많다는 이유 때문이다. 그러나 그 꾀를 믿고 잔머리를 굴렸다간 큰일 난다. 전래동화에 나오는 토끼와 거북이에서도 그렇듯이 토끼는 잔꾀를 부리다가 결국은 경주에서 느린 거북이에게 지고 말았다.

춘추전국시대 때의 일이다. 제(齊)나라와 위(魏)나라는 오랫동안 적대관계로 전쟁을 치렀다. 그래서 양국 군대와 백성은 몹시 지쳐있던 상태였다. 그래서 다시 전쟁을 벌이면 제나라와 위나라의 두 백성들만 곤경에 처하게 될 것이 불 보듯 뻔했다. 이것을 노리고 있던 진나라와 초나라가 제삼자로서 크게 이득을 보게 될지도 모르는 상황인데 이때 제나라의 왕을 섬기던 전략가 순우곤(淳于髡)이 왕에게 비유를 들어 간언을 했다. 그것이 이른바 견토지쟁(犬兎之爭)이다.

"빨리 달리기로 유명한 사냥개 한자로(韓子盧-진나라 장수)가 역시 번개 같이 빠른 토끼 동곽준(東郭逡-초나라 장수)의 뒤를 추격했다."[1] 이때 산의 둘레가 30km가 넘었고 세 바퀴를 돌고 산꼭대기까지 5번이나 오르내리는 바람에 쫓기던 토끼와 추격하던 개가 기진맥진해서 모두 쓰러져 죽고 말았다는 얘기이다. 그런데 때마침 그 곳을 지나던 농부가 쓰러진 개와 토끼를 한꺼번에 모두 가지고 갔다는 얘기다. 이렇게 순우곤의 그 비유를 듣고 있던 제나라 왕은 결국 군대의 동원을 단념하고 말았다.

이는 쓸데없는 싸움에서 제삼자가 이득을 가로챌 것이기 때문이다. 여기에서 토끼는 자기 목숨을 구하기 위해 최선을 다해 달아났으나 결국 죽었다. 하지만 약자인 토끼는 결코 어리석지 않았다. 자기만 죽은 것이 아니라 추격하던 강자 개를 함께 죽게 만들었으니 어찌 보면 멋진 복수라고도 할 수도 있다. 강자 원칙에 따라 일방적으로 결판날 승부였다. 결과론적으로 보면 누구는 살고, 누구만 죽은 것이 아닌 어쨌든 승부는 무승부이다. 그러나 개는 참으로 어리석었다. 토끼를 잡아먹으려는 지나친 집착과 욕심 때문에 죽지 않아도 될 자기 목숨마저 잃었기 때문이다.

영국 속담에 "두 마리의 개가 뼈다귀를 가지고 싸울 때 세 번째 개가 그것을 물고 달아난다.(Two dogs strive for a

---

1) 이동진 편저,「동서양의 고사성어」, 해누리, 2005, p. 42 참고인용.

bone, and a third runs away with it.)"[2]와 같은 말이다. 우리의 역사도 돌이켜보면 임진왜란 때 서인과 동인의 당쟁으로 말미암아 7년 동안 왜군에게 짓밟히고 쑥대밭이 돼서 무수한 백성이 죽어갔다. 또 4.19 혁명 때는 집권한 민주당이 신파와 우파로 갈라져서 싸우다가 군사정부의 쿠데타에 의해 정권이 몰락했다. 때문에 민주주의가 수십 년이나 후퇴하게 되었다.

이렇듯이 무모한 투쟁과 대립은 매우 어리석은 것이다. 우리사회의 균형과 조화로 문제의 중심[3]을 바로보고 합리적 관계로 그 중심을 지켜간다면 서로 피 터지는 희생과 전쟁을 치루지 않고도 반드시 함께 공생공영 할 수 있는 길이 많다. 그렇게 하려면 적당한 양보와 적당한 이익을 취하는 합리적 사고가 필수다. 즉 나만 생각하는 것이 아니라 남도 생각하고 배려해야한다는 말이다.

중용 제4장에 '지자과지, 우자불급야(知者過之, 愚者不及也)'란 말씀이 있다. 현대사회에서 지자(知者)란? 많이 배워 학식이 풍부하고 똑똑하여 사회적으로 성공한 사람들의 대명사이다. 즉 사회적으로 성공했다는 것은 그가 지니고 있는 능력이고 힘이다. 그리고 그 힘은 바로 사회적 강자의 존재이

---

2) 이동진 편저,「동서양의 고사성어」, 해누리, 2005, p, 42 참고인용.
3) 중심(中心)- 중심은 '가운데 마음'이다. 가운데 마음이란 '참'이다. 광범위한 인간관계의 질서와 회통에 대한 중요성과 조화와 균형의 기준점이 되는 것으로서 첫째는 자신의 도덕인격을 확립해야 하고, 둘째는 사람과 사람사이의 원만한 소통이고, 셋째는 천지만물과 함께 동참하여 조화와 균형으로 중화(中和)를 이루어내야 하는 것. 김충열,「김충열 교수의 중용대학강 의」, 예문서원, 2007, pp,123~124 참고인용.

다. 다시 말해 사회적 강자라 함은 아는 것이 많아 그러한 지식을 기반으로 명성을 얻고 사회적으로 성공을 이룸이다. 사회적으로 성공했다함은 명성뿐만이 아니라 경제적 부를 이룸이다. 이것이 성공한 사람들의 개인적 능력과 가치를 인정하고 평가하는 성공개념의 사회적 기준이라고 볼 때에 이런 사람들을 현대사회에서는 사회적 강자라 칭한다. 이런 사회적 강자는 그런 능력의 가치에 따라 사회적 권세(힘)를 누리게 되는 것이다.

그런데 문제는 여기서 부터가 문제이다. 지자는 지자답게, 강자는 강자답게 지켜가야 할 사회적 역할과 책임에 대한 도리가 있다. 그것이 바로 지자와 강자의 도리(道理)라는 것이다. 그런데 늘 지자나 강자가 되면 늘 넘치고 지나치게 됨이 문제이다. 그것은 바로 지자나 강자 그들이 가지고 있는 능력과 힘의 과도한 낭비적 현상이 불러오는 사회적 부작용 때문이다. 그런 현상들이 우자나 약자들의 권리를 침해하고 유린하기 때문이다. 바로 이것이 순화된 언어로 말하면 넘침이고, 지나침이다. 그래서 유가사상에서 제일 경계하고 일깨우는 핵심적 말씀이 과유불급(過猶不及)이나 불편불의(不偏不倚) 같은 말씀이다.

'지나침은 차라리 어리석어 못 미침만 못하다.'라는 뜻이다. 이는 지나침은 남에게 고통과 피해를 주지만 차라리 우자는 자기가 어리석어 손해를 볼지언정 최소한 힘을 이용해 남에게 피해를 주지는 않기 때문이다. 그래서 힘을 가진 강자들에게 더욱 요구되는 것이 강자의 능력에 앞서 도덕적 의식과 덕목(德目)을 강조하게 됨이다. 때문에 막강한 힘이 작용되게 되는 고위관직 임명에서 인사청문회 같은 것이 제대로 이루어져야 함이다.

이제 강자는 약자를 대상으로 불필요한 힘을 쏟지 말고 과도한 힘의 낭비를 자제해야 함께 공생공존 할 수 있다. 대기업은 중소기업을 동반성장의 파트너로 인정하고 진정성 있는 배려가 꼭 선행되어야 한다. 그렇게 해야 함께 번영할 수 있다. 그렇게만 한다면 앞에 얘기처럼 남의 싸움에서 어부지리를 노리는 사람들도 없고 부당한 이익을 취하는 불공정한 일도 없을 일이다.

문장은 나라를 경영하는 대본

경국지대업(經國之大業)

삼국시대 때의 일이다. 조조(曹操)는 위나라의 시조(始祖)이다. 황건의 난을 평정하여 공을 세우고 동탁(董卓)의 목을 벤 후 실권을 장악하였다. 208년에 적벽(赤壁) 대전에서 유비와 손권의 연합군에게 패하고 중국이 삼분된 후 216년에 위왕(魏王)이 되었다.

조조는 권모와 지략에 능했을 뿐만 아니라 매우 뛰어난 문장가로서 시문을 잘하였다. 조조는 두 아들 조비(曹丕)와 조식(曹植)이 있었는데 이들도 아비를 닮아 문장이 뛰어났으며 문학을 매우 좋아하는 인물이었다. 때문에 이들은 문장을 통해서 형제지간의 우애를 더욱 돈독히 했으며 학문을 탐구하는데도 남다른 열정을 가지고 있었다. 그런데 후에 형인 조비는 위국에 문제(文帝, 재위 220-226)가 되었으나 문장에 뛰어난 동생 조식을 의식하여 시기를 하기도 했다한다.

조비가 아우인 조식에게 한 충고의 말이다. "문장은 나라를 다스리는 큰 사업이고 영원히 빛이 바래지 않는 위대한 일이다"[1]라고 조언을 했다 한다. 참으로 기가 막힌 명언이다. 그렇듯이 학문이 어느 시대이건 나라의 발전에 얼마나 중요한 것인지를 강조한 말이다.

현재 한국사회에서 오락가락하는 교육정책을 보자. 해마다 가닥이 잡히지 않는 대학입시정책을 비롯해서 산재한 교육의 현안문제들이 제대로 고쳐지지 않고 있고 임시방편적 처방으로 실행되는 땜질식 교육정책으로 오락가락 하고 있다. 때문에 교육당국과 학부모 단체가 충돌하고 많은 교육의 주체들이 오락가락 교육의 혼선을 빚고 소통되지 못하는 난산토론으로 목소리를 높이고 자기 생각만 옳다고 고집하는 것이 오늘날 한국사회의 어두운 교육정책의 현실이고 대안 없는 비전과 인문학 정신의 부재함이다. 한마디로 교육정책에 있어서 정책의 부재와 중심이 되는 교육의 철학이 없음은 물론 실로 이 나라의 100년 대계를 위한 생각을 이 나라의 지도자와 위정자들은 진정으로 고민하고 있는지 의구심이 가지 않을 수 없다.

MB정부 출범 초기엔 영어 몰입식 교육이다 뭐다해서 마치 대한민국이 영어가 아니면 안 된다는 것 같은 날선 사회적 분위기를 고조시키고 학생은 물론 일선 교육의 주체들과 국민들 까지도 매우 당혹케 했었다. 때문에 여기저기서 만만찮은 교육의 혼선을 빚었었다. 때문에 사회적 여러 갈등을 증폭시키는 원인이 되기도 했다. 또 이러한 것들뿐이랴. 학문

1) 이동진 편저,「동서양의 고사성어」, 해누리, 2005, p. 46, 참고인용.

이 제대로 발전하려면 스승은 스승답게, 학생은 학생답게 인문학정신의 가르침과 배움의 본질적 중심(中心) 가치와 근본에 충실해서 균형과 조화[2]가 이루어지는 교육의 풍토가 조성되도록 했어야 옳았다.

교육의 근본은 정부가 바뀌었다고 해서 그 때마다 교육정책의 기본이 바뀌어서는 곤란하다. 그것은 나라가 지향하고자하는 국가적 철학의 본질이기 때문이다. 그래가지고서야 어찌 조비의 말처럼 "경국지대업(經國之大業)"을 이룰 수 있겠는가. 그저 돈벌이에만 목적을 두고 혈안이 되어 있는 사회적 악습과 교육의 풍토 속에서는 이 나라의 장래가 위태로울 뿐이다.

'솔성지위도, 수도지위교(率性之謂道, 修道之謂敎)' 이 말씀은 중용 제1장 원문 첫머리에 나오는 말씀이다. 이 말씀은 '성(性)에 따라 살아가는 것이 사람의 길(道)이고, 그 길(道)에 부합하도록 가르치는 것을 교(敎)라 한다.'라는 말씀이다. 즉 사람됨으로 사람답게 살아가는 교육의 중요성을 일깨우는 말씀이다. 이렇듯이 교육이 얼마나 중요한가. 교육은 바로 인간의 삶에 근본을 이루는 가치이다.

또 다음을 보자.'호학근호지, 역행근호인, 지치근호용.(好學近乎知, 力行近乎仁, 知恥近乎勇)'이라했다. 이는 '배움을

---

2) 균형과 조화(均衡과 調和)- 균형이란? 어느 한쪽으로 기울거나 치우치지 아니하고 고른 상태이다. 그것은 동심을 태우고 오르내리는 시소와 같다. 그것은 저울대가 가장 알맞은 상태에 놓여 있을 때의 평일(平一)한 상태이다. 우주의 가장 건전한 운행은 형평이요, 가장 충실한 생성은 조화이다. 김충열,「김충열 교수의 중용대학강의」, 예문서원, 2007, pp.107, 112 참고인용.

좋아하면 지혜(智慧)에 가까워질 수 있으며, 힘써서 행하면 인애(仁愛)함에 가까워질 수 있고, 부끄러움이 무엇인지 알면 참된 용기(勇氣)에 가까워질 수 있다.'라는 말씀으로 중용 제20장 원문 중간부분에 나오는 말씀이다. 사람을 사랑하고 아끼는 마음과 참된 용기와 부끄러움이 무엇인지 알게 하는 것은 사람됨에 근본과 교육에 있다는 말씀이다.

이것이 모두 참된 교육과 배움에서 조성되는 지혜이다. 그래서 교육에서도 인문교육과 인문정신의 가치가 우선시 되고 있는 것이다. 이에 대하여 교육에 당사자들은 학생의 우열을 가리고 탓하기 이전에 제대로 된 교육의 본질적 자리로 빨리 돌아와 무너져 내린 교육의 중심점을 다시 찾아 바로 세워야 한다.

아무리 힘들고 어려워도 이 나라의 교육은 이 나라가 책임져야 한다. 서양속담에 "지식은 힘이다(Knowledge is power)."[3] 또는 "펜은 칼보다 강하다(The pen is mightier than the sword)."라 했다. 바야흐로 21세기 글로벌시대를 맞이해서 국력을 키우고 치열한 생존경쟁에서 살아남는 방법은 오직 사람을 사람답게 키워내는 튼실한 교육뿐이다.

이러한 일관된 교육정책만이 나라의 힘을 증진시키고 배가시키는 일이고 이 나라의 장래와 문명사회의 미래 비전을 보장할 수 있으리라는 생각이다. 그래서 문장이 뛰어난 조조의

---

3) "지식은 힘이다(Knowledge is power), "펜은 칼보다 강하다(The pen is mightier than the sword)."라 했다. 이동진 편저,「동서양의 고사성어」, 해누리, 2005, p, 46, 참고인용.

아들 조식과 조비 같은 인재가 현대사회에서도 국가와 민족을 위해서 무엇을 할 것인가를 진지하게 고민하도록 하는 것이 교육의 위대한 본질적 가치이고 교육에 주체들이 잊지말아야할 사명감이요 책임이다.

존경을 하지만 무조건 가까이하지 않는다.

경이원지(敬而遠之)

서양속담에 "당신의 이웃을 사랑하라. 그러나 담장을 허물지는 말라.(Love your neighbor, yet pull not down your hedge)"[1]는 말이 있다. 또한 동양 고전엔 "경이원지(敬而遠之) 또는 경귀신이원지(敬鬼神而遠之)"라고 하는 고사성어가 있다.

이 말씀은 《논어(論語) 옹야편(雍也編)》에 나오는 말씀이다. 공자의 제자 번지(樊遲)가 공자께 물었다. "스승님! 사람에게 참된 지식이란 무엇입니까?" 하고 물으니 공자께서 이에 답하시기를 "사람에겐 도리를 다해야 하고, 죽은 사람에 대해서는 존경을 하되 멀리하는 것이다."라고 답했다. 이는 귀신이나 혼이라고 해서 존경도 하지 않고 무례히 대해서는 안 되며 그렇다고 너무 가까이해서도 안 된다는 의미다.

중용 제16장 첫머리에 말씀이다.'귀신지위덕, 기성의호!

1) 이동진 편저,「동서양의 고사성어」, 해누리, 2005, p, 50, 참고인용.

(鬼神之爲德, 其盛矣乎)' '시지이불견, 청지이불문, 체물이불가유(視之而弗見, 聽之而弗聞, 體物而不可遺)' 이는 '신명(神明)의 품성이야말로 그것은 참으로 대단하신거야!''보려 해도 보이지 않고, 들으려 해도 들을 수 없지만 형체가 있는 만물에는 모두 그 영향을 끼친다.'라고 하셨다. 또 말미에 말씀이다. '신지격사, 불가탁사, 신가역사!(神之格思, 不可度思, 射可射思)' 이는 '신명(神明)은 다다르지 않는 곳이 없고, 추측도 불가능하다. 그러하니 어찌 이를 소홀히 하거나 싫어할 수 있겠는가!'라는 말씀이다.(난자 참고:度=헤아릴 탁, 矧=하물며 신, 射=싫어할 역)

이 말씀은 사람은 물론 귀신이라도 무례하게 했다간 언제 어느 때 앙갚음이나 보복을 당할지 모르고 또 귀신에겐 재앙을 받을 수 있다는 말씀이다. 때문에 무조건 부정하고 싫어해서도 안 되고 마냥 한 없이 좋아만해서도 안 된다는 말씀이다. 그러고 보니 매우 섬뜩한 느낌이다. 그러나 또한 무서워할 일도 아니다. 언젠가는 현세의 우리도 영혼의 세계로 인도될 목숨이기 때문이다. 이것은 현세의 인간과 영혼세계의 신이 영속적으로 함께 조화로울 수 있는 관계의 정의이다.

따라서 이것은 모든 관계 속에 경계의 의미를 두고 하신 말씀이기도하다. 예컨대 생과 사, 삶과 죽음은 밀접한 관계지만 반드시 경계가 있다. 경계를 두지 않으면 삶의 근원적 가치가 흔들리게 된다. 모든 만물 사이엔 경계가 있게 마련이다. 사람과 사람의 관계에서도 모두 경계가 있다. 강자와 약자, 또는 약자와 강자, 부자와 빈자, 잘난 사람과 못난 사람,

선한 사람과 악한 사람 등과 같이 인간관계의 경계가 있지만 결코 단절할 수 없는 관계의 속성과 어울림의 경계를 두고 이르는 말씀이다. 다시 말해 모든 사물의 입장과 처지는 다르지만 하나의 어울림이 되어야하고 어울리되 경계가 없어서는 안 된다는 말씀이다.

이처럼 신이나, 사람의 관계에 있어서도 도리를 다해야하는 것은 당연한 것이고 그 도리를 다해서 내게 해될 것이 없다는 말씀이다. 그리고 사람은 죽으면 누구나 육신은 버리고 그 혼백만 영, 또는 귀신이라 불리는데 내 부모, 형제, 친지, 모든 조상님이 다 영이고 귀신이다. 비록 이 세상과 저승이라는 경계를 두고 인간속세엔 안 계시지만 조상님이나 부모 형제에게 예를 갖추고 잘해서 해가 되고 나쁠 것은 없을 것 같다. 이렇게 이 세상에 존재하지 않는 모든 영혼에게도 그런데 하물며 살아계신 부모, 형제에게 지극정성으로 성심을 다해 사람의 도리를 다할 수만 있다면 이 얼마나 훌륭하고 큰 본(本)이 될 수 있는 일인가.

그러나 세상은 점점 변해서 인간의 도(道)[2]에서 물질(財貨)로 힘의 균형이 이동했다. 아무리 잘나고 똑똑해도 돈과 권력이 없으면 속된말로 하당이다. 권력과 돈이 막대한 재산을 만들고 부귀영화를 누리게 한다. 때문에 사람들은 누구나 이것을 갖기를 원한다. 그러나 이것이 좋다고 해서 자기 분수

---

2) 도(道)- 도란? 사람의 길(道)이다. 중용 제1장 원문에 '率性之謂道'란 말씀이 있다. 이는 그 본성(性)에 따라 살아가는 사람의 길(道)을 뜻하신 말씀이다. 본서 중용 원문 참고인용.

에 맞지 않게 돈과 권력의 곁에 잘못 다가갔다가는 자수성가는 고사하고 패가망신하는 불운을 겪을 수도 있다.

권력이란? 본래 믿을 것이 못된다. 또한 권력의 그 비정함이란 얼음장 같이 차다. 그 권력의 소용돌이에 휘말리면 부모, 형제, 친구가 다 필요 없다. 로마제국의 네로황제는 자기 어머니를 죽였다. 당나라 서태후도 자기 남편과 자식까지도 모두 죽였다. 그렇듯 권력을 싸고 벌어지는 다툼에는 남이고 가족이고 다 의미가 무색하다.

가끔 신문지상이나 언론에 재벌가의 권력다툼이 보도되기도 한다. 또한 정치판은 어떤가. 어제의 적이 아군이 되기도 하고 오늘의 의리와 신의가 내일의 배신자가 되어 나에게 칼끝을 겨눌지 모르는 것이 정치판이다. 그래서 권력의 그늘에서 결탁하고 있던 사람들이 그 이해관계에 따라 배신과 배반을 밥 먹듯 하고 끝내는 토사구팽(兎死狗烹)[3]하여 강자의 힘을 과시하는 것으로 끝을 낸다.

이처럼 이 세상엔 개인은 물론 어떤 단체나 사회, 또는 국가대 국가 국제관계 사이에서도 마찬가지다. 특히 북한정권이 그렇고 일본이 그렇다. 일본은 최근에 와서는 독도가 자기네 땅이라고 아주 노골적으로 억지를 쓰고 있다. 그래서 일본은 아무리 한국이 과거(조선침탈, 일제 36년 강점기, 위안부 문제 등)를 잊고 잘 대해주려고 해도 "가깝고도 먼 나라"라

---

3) 토사구팽(兎死狗烹)- 토끼가 죽으면 토끼를 잡던 사냥개도 필요 없게 되어 주인이 삶아 먹는다는 뜻으로 관계에 있어서 필요할 때는 용이하게 잘 쓰고 이용가치가 끝나 필요 없을 때는 매정하게 버리는 경우를 이르는 말.

고 하는 것인가 보다. 또 국가와 국민을 위한다는 정치판이 그렇다. 결코 하나가 될 수 없는 정치의 속성 때문에 여야관계가 서로 경이원지(敬而遠之) 대상일 듯싶다.

권력의 속성은 자석과 같이 마구 끌어 댕기는 속성이 있다. 이렇듯 권력의 언저리에 잘못 얼쩡대었다간 망신살이 뻗치거나 목숨을 잃는 경우가 다반사다. 과거 근대사에서도 그랬고 현대사에서도 그랬다. 국민들로부터 존경받고 대중에게 사랑과 인기가 많았던 학자가 정치권력의 언저리에 있다가 그토록 존경받던 학자의 명성을 잃고 어둠의 뒤안길로 사라졌다.

그럼 우리가 그런 권문세도에 휘둘리지 않고 평탄하고 무사하게 사는 방법은 무엇일까? 그것은 권력으로부터 가급적 멀리 떨어지는 것이다. 탐욕(권력+돈) 때문에 서로 목숨 걸고 죽일 듯이 혈투가 벌어지는 힘의 소용돌이에서 가급적이면 멀리 멀리 벗어나는 일이다.

사극에서도 보았듯이 그래서 양명대군이 권력으로부터 멀리 떨어지려 했으나 주변의 권력에 휘말려들게 되고 자신으로 말미암아 장차 국본(國本)에 혼란이 생길 것을 걱정하여 이를 예방하고 차단하고자 결국 스스로 목숨을 지키지 않고 역병의 창을 맞아주었다. 이를 지켜본 시청자들은 매우 가슴이 아프고 안타까웠으리라. 그것은 양명의 인품과 도리에 감복했기 때문이다. 이와 같이 도리에 부합하도록 살아가는 것이 사람의 길인데 누구에게나 세상은 그렇게 호락호락하지가 않다.

그런데 정권이 바뀌어도 기가 막히게 살아남는 사람이 더러는 드물게 있다. 그러나 그렇게 살아남으려면 그것이 얼마나 힘든 일인가. 거기엔 어디에도 휩쓸리지 않는 정신과 중심(中心=가운데 마음)잡기[4]가 절대 필수다.

중심잡기란? 바로 중용의 철학과 사상으로 자석과 같은 권력의 속성에 휘말리지 않고 유혹하는 권력으로부터 자신을 의연하게 지켜냄이다. 떠나는 권력에게도 욕먹지 말아야하고, 새로 입성하는 권력에게도 절대 밉보이지 말아야한다.

그것은 자기 자신이 권력의 중심을 향해가는 것이 아니라 권력으로부터 일정한 거리를 두고 멀어지려고 부단히 마음을 다스리고 경이원지(敬而遠之)한 노력에 결과이다. 아무리 황금으로 빚은 명검이라도 그 권력의 칼이 정의와 대의를 잃으면 그것은 더 이상의 명검이 될 수 없고 끔찍한 흉기에 불과한 것이 될 수도 있음을 경계하는 마음이 아닐까. 때문에 동서양을 막론하고 그러한 이치를 깨달아 지혜롭고자 하는 것이다.

아무리 사이가 좋아도 쥐들이 고양이와 함께 놀다보면 언

---

4) 중심잡기- 중심잡기는 "시소놀이"에서 보았듯이 무게 때문에 사물의 중심이 불균형 상태라면 그 균형과 중심을 잡기 위한 방법이다. 첫째는 사물의 무게나 관계의 중심과 균형이 깨지게 된 원인을 파악하여 개선하는 방법이다. 대상물에 조정을 통하여 중심을 잡는다. 두 번째는 원인의 대상물은 제자리에 그냥 두고서 중심축을 적절한 위치로 이동시키는 방법이다. 본서 '중심잡기' 일부 인용. 중심잡기는 중심점(中心點)을 잃지 않고 지탱하는 것이다. 광범위한 인간관계의 질서와 회통에서 조화와 균형의 기준점이 되는 것으로서 첫째는 자신의 도덕인격을 확립해야 하고, 둘째는 사람과 사람사이의 원만한 소통이고, 셋째는 천지만물과 함께 동참하여 조화와 균형으로 중화(中和)를 이루어내야 하는 것. 김충열,「김충열 교수의 중용대학강의」, 예문서원, 2007, pp.123~124 참고인용.

젠가는 잡아먹히게 될 것이라는 예측이 충분히 가능하다. 이웃을 사랑한다고 담을 헐어 경계를 두지 않으면 또 다른 문제가 발생할 수도 있기 때문이다. 또한 인간과 영혼의 관계에 있어서도 중심의 경계를 설정하여 둠으로써 생과 사의 균형과 조화를 영속적으로 유지할 수 있다.

본질이 다른 각각의 개체지만 그것을 초월하는 사상으로서 또 하나의 어울림인 것이다. 그렇듯 죽음의 관계에서도 경이원지해야 하는 현실임에도 생존의 관계에서 조차 그 경이원지의 참 뜻을 이해하지 못한다면 그것은 불행을 자초하는 결과가 될 수 있기 때문이다.

이 '경이원지'야말로 인간관계의 중심을 더욱 공고히 해서 그 실책과 오류를 최소화하고 피차간에 불행을 피해가는 인간관계의 지혜로운 처세(處世)라 할 수 있지 않을까. 따라서 경이원지란? 존경하는 마음을 갖지만 무조건 가까이 하지 않는다는 큰 교훈이다.

수레바퀴가 부딪히고 사람들 사이에 어깨가 부딪힌다.

곡격견마(轂擊肩摩)

'사람은 사회적 동물이다.'라는 말이 있다. 이 말은 로마의 철학자인 세네카(정치가 · 연설가 · 비극작가)의 명언이다. 사람은 사회를 떠나서는 살 수가 없다. 원시사회부터 현대사회에 이르기까지 모든 사람은 사람들 사이에서 태어나고 그들과 함께 회를 이루고 살아왔다. 그리고 자기가 속한 사회의 인위적 사회생활을 통해서 교육과 생활을 기반으로 성장하며 삶을 살아 왔다. 무인도에서 28년간이나 혼자 산 로빈슨 크루소도 엄밀한 뜻에서는 완전히 사회를 떠나서 생활한 것이 아니다. 그가 혼자 살 수 있었던 것은 무인도에 떠내려가기 전 익힌 사회성으로 그 생활과 경험을 바탕으로 새로운 환경의 삶을 개척할 수 있었던 것이기 때문이다.

모든 사람은 이 세상에 태어나면서부터 한 가족의 구성원이 되고 또 나아가서는 여러 사회구성원의 일원이 된다. 그리고 그 성장과정을 거쳐 많은 단체와 조직체 속에서 여러 가지

목적을 갖고 활동을 하게 된다. 그러므로 사람은 사회를 떠나서는 바르게 성장할 수도 없고 자기 소질을 발휘할 수도 없으며 살아감에 행복을 누릴 수도 없다.

우리가 숨 쉬고 살아가는 이 사회는 우리가 함부로 대하고 처신할 곳은 아니다. 여기엔 나만 있는 것이 아니라. 내가 아닌 다른 사람들과 조화롭고 행복하게 더불어 살아야 할 곳이기 때문이다. '곡격견마(轂擊肩摩)'라 했던가. 번화한 곳 일수록 사람과 수레가 많이 모이게 되니 수레는 수레대로 부딪치고 사람과 사람 사이엔 자연 어깨도 부딪히게 되고 더러는 발도 밟히게 된다. 과거 로마가 한창 번창할 때 로마의 인구는 100만이 넘는 거대 도시였다. 거리마다 웅장한 대리석 건물들과 신전들이 한 때 번성했던 로마제국의 역사를 잘 말해준다. 이제 예전에 그 화려하고 웅장했던 로마는 폐허가 되어 관광객들이 기념촬영이나 하고 가는 조용한 곳이 되고 말았다.

그럼 지금의 서울을 한번 보자. 어딜 가나 자동차의 물결이 마치 강물 흐르듯 한다. 자동차가 하도 많다보니 툭하면 교통사고도 난다. 그러니 거리거리마다 '곡격'이요 '견마'가 아니겠는가. 이렇게 우리사회가 '곡격견마'를 이루고 문명사회의 눈부신 번성과 융성한 발전을 이루고 있으나 아직도 아쉬운 것은 '견마'가 되어도 미안하다는 말 한마디 없고 '곡격'이 되어도 내가 운전을 잘못해서 그랬노라고 진정어린 사과를 하기는커녕 너 때문이라고 상대에게 책임을 전가하거나 뒤집어씌우기가 일쑤다. 그렇게 서로 잘났다고 고성에 삿대질, 나중엔 주먹질까지 오간다.

'곡격견마'란? 반드시 수레만을 의미하는 것이 아니다. 우리가 사는 곳이 발전하여 거리가 번화해지고 자동차의 행렬이 꼬리에 꼬리를 물고 사람과 사람의 발길이 혼잡하게 뒤엉키는 것이 '곡격견마'이다. 이렇게 곳곳 거리마다 '곡격견마'가 이루어지고 그 사회가 발전하면 거기에 걸 맞는 사회성이 반드시 뒤따라야 진정 사람이 사는 문명사회이다.

프랑스의 계몽사상가 루소는 이런 말을 했다. "훌륭한 사회가 없는 천당은 천당이 아니다.(Heaven without a good society cannot be heaven.)"[1] 라고 했다. 사회성이란 무엇인가? 사회생활을 하려고 하는 인간의 근본 성질. 인격 혹은 성격의 분류와 유형에 따라 나타나는 특성이다. 이것에 따라서 사회에 적응하는 개인의 소질이나 능력, 대인 관계의 원만성 따위가 사회성으로 문화적 가치를 드러내는 것이다. 그런데 하루가 다르게 '곡격견마'가 이루어지고 있는 현실에서 여전히 80~90년대의 후진성을 벗어던지지 못한 채 우리의 사회성은 그 문화의 격(格)을 높이지 못하고 물질만능주의가 깔아놓은 21세기를 향해 무제한적 질주를 하고 있다.

왜, '인간은 사회적 동물이다(Man is a social animal)' 라고 세네카는 말했을까? 우리 사람에겐 지성과 인격이라는 것이 있기 때문이다. 그것은 내 위주가 아니라 역지사지로 먼저 남을 이해하고 배려하는 성(誠=참다움)[2] 이 깃들어 있는

---

1) 이동진 편저,「동서양의 고사성어」, 해누리, 2005, p. 72, 참고인용.

2) 성(誠)- 성(誠) 은 '말의 참다움'이다. 사람의 말은 심(心)을 표현하는 본(本)이요, 도(道)를 리(理)로 말하면 용(用)이다. 성(誠)은 어떤 일에 집중되어 그 일

마음이 있어야 한다는 것이다. 성(誠)이 실종된 사회에서는 수준 높은 사회성을 기대하기가 어렵다. 특히 현대사회와 같이 다원화 되고 다변화하는 문명사회의 소용돌이 속에서는 더욱 더 성숙되고 투철한 사회성이 요구된다. 그것을 통해서 현대인들은 자신의 자존감과 행복을 구현해 간다.

중용 제25장에 보면 '성자물지종시, 불성무물(誠者物之終始, 不誠無物)'이라했다. 이는 '성은 만물의 시작과 끝으로, 성이 아니면 만물도 없다'라는 의미이다. 이처럼 성(誠)은 인간의 삶 그 자체이다. 따라서 성(誠)은 인간의 삶에 근본이다. 그 성을 토대로 사회성을 확립해 나간다. 이것이 전제되고 실천될 때 우리사회는 균형과 조화로서 사회적 규범과 질서를 확립하고 문명창달을 도모하게 된다.

'성자, 비자성기이기야, 소이성물야(誠者, 非自成己而已也, 所以成物也)'는 '성은 자신의 품성만을 이루고 그치는 것이 아니라, 바로 만물의 품성도 이룬다.'라고 했다. 즉 자신은 물론 타인에게도 영향을 끼친다는 말이다. 성이 부족하여 사회성이 떨어지면 나 자신은 물론 남에게도 지장을 초래하게 되고 그로 말미암아 내 자신이 속한 사회의 모든 구성원에게 영향을 끼치게 된다는 말이다. 결코 수시로 부대끼는 우리사

을 작용하게끔 한다. 성(誠)은 사물의 시작에서부터 이루어짐의 끝까지 간단없이 깃들어서 사물의 현상을 이루어지도록 한다(誠者物之終始). 따라서 시작에서 마침까지 성(誠)이 없으면 사물은 이루어질 수도 존재할 수도 없다. 이 성(誠)이 움직이게끔 하는 것도 중용(中庸), 중화(中和), 시중(時中)의 이치가 잘 맞추어져 조화를 이루지 않으면 안 된다. 김충열,「김충열 교수의 중용대학강의」, 예문서원, 2007, pp,231~233 참고인용.

회의 현실에서 '곡격견마'에 지혜로울 수가 없게 된다.

문화와 문명이 발전할수록 '곡격견마' 의식(意識+깨어 있는 정신)도 성숙되어야 하고 사회성의 품격도 높아져야 한다. 사회성이란 합리적이고 이성적인 규칙과 규범이다. 조화로움의 의식이고 행동이다. 우리사회의 모든 사람들이 사회성이 높을수록 우리사회는 반드시 더욱 건강하고 행복한 문명국가의 차원 높은 번영을 이루게 될 것이다.

지나친 것은 오히려 미치지 못함만 못하다.

과유불급(過猶不及)

어느 날 자공(子貢)이 스승인 공자(孔子)에게 "자장(子張)과 자하(子夏) 두 사람을 비교하면 누가 더 현명합니까?" 하고 물었다. 이 두 사람을 비교해 달라는 자공의 말에 공자는 "자장은 매사에 지나치고, 자하는 좀 못 미친다." 하였다. 그러면 자장이 더 나은 것입니까? 하니 공자께서는 "아니다. 지나친 것은 못 미친 것만 못하다."[1]라고 했다. 바로 과유불급(過猶不及)이란? 여기에서 유래된 말이다.

자장은 공자에게 "사(士)로서 어떻게 하면 達(달)이라 할 수 있겠습니까?" 하고 물으니 공자는 도리어 자장에게 반문하기를 "그대가 말하는 達(달)이란 무엇인가?" 라고 하니 자

---

1) 과유불급(과유불급)- 지나친 것이나, 못 미친 것이나 모두 이상적인 현상(中의 상태)은 아니지만 그래도 지나친 것보다는 못 미친 것이 났다는 의미이다. 지나친 것은 중(中)으로 못 돌아오지만 못 미친 것은 더 진행하면 중에 다다를 수가 있기 때문이다. 김충열, 「김충열 교수의 중용대학강의」, 예문서원, 2007, pp, 102 참고인용.

장이 답했다. "제후를 섬겨도 그 이름이 높아지고, 경대부(卿大夫)의 신하가 되어도 또한 그 이름이 나는 것을 말합니다." 하고 답하니 공자는 "그것은 문(聞)이지 달(達)이 아니다. 본성이 곧아 의를 좋아하고, 말과 얼굴빛이 맑아 상대방의 마음을 알며, 매사에 신중하여 남에게 겸손하여야 한다. 그렇게 함으로써 제후를 섬기거나, 경대부의 신하가 되어도 그릇되는 일을 하지 않는 사람이라야 비로소 달(達)이라 할 수 있다."고 공자는 자장의 허영심을 은근히 나무랐다는 일화다.

서양속담에도 이와 비슷한 말이 있다. "지나친 것은 못 미친 것보다 더 나쁘다.(Overdone is worse than underdone.)"[2] 또는 "덕은 중용에 있다."는 로마속담이 있다. 어쨌든 동서양을 막론하고 사람의 도리와 처세의 기준은 모두 다 같은가 보다. "과유불급"은 누구나 일상생활에서 가장 많이 응용하고 사용하는 고사 성어인 듯싶다. 그렇게 실생활에서 많이 적용하고 사용하지만 그것을 실천하는 데는 그리 쉽지만은 않은 것도 사실이다.

우선 '재물이나 권력 또는 명예' 따위를 한 번 생각해보자. 권력이나 재물이 이 '과유불급'에 해당이 된다고 해서 적당히 자기에게 필요한 양이나 부분만큼만 가지려는 사람이 있을까? 모르면 몰라도 짊어지고 가다 쓰러져 죽는 한이 있더라도 내 앞에 놓인 재물을 알아서 적당히 필요한 만큼만 가져가는 사람은 아마 없을 것이다. 바보가 아닌 이상에야. 그렇듯

---

2) 이동진 편저,「동서양의 고사성어」, 해누리, 2005, p. 88. 참고인용.

이 그것은 우리 인간에겐 당연한 욕망이라고 누구나 생각한다.

이 세상에 돈 싫은 사람이 어디 있으랴. 또한 권력 싫은 사람도 어디 있으랴. 재물이나 권력은 아마 많으면 많을수록 좋으니 그것 또한 '다다익선(多多益善)'이라 할 것이다. 그러나 돈이 너무 많으면 납치 강도나 밤도둑 같은 일에 신경 쓰게 되어 근심이 앞서고 마음 편안히 행복할 날이 없다. 그러나 반면에 돈이 너무 없으면 우리네 인생 자체가 너무 서글프고 고달프게 마련이다. 그러니 너도 나도 다소 근심은 되더라도 흔히 말하는 로또 당첨 1등이라도 되어 봤으면 하는 바람이다. 이것은 어찌 보면 허영이라기보다 서민들만이 갖는 소박한 꿈이고 희망일지 모른다.

그러나 누구든지 제아무리 부와 명예, 권력 따위에 욕망과 탐욕지심을 부려도 뜻대로 되는 것도 아니다. 사람은 누구에게나 자기가 가지고 있는 그릇과 자기에게 맞는 옷이 있다. 아무리 주워 담으려 해도 자기가 가지고 있는 그릇의 크기만큼만 담을 수 있다. 그것을 무시하고 아무리 담고 담아 보았자 넘치기만 할 뿐이다. 또한 넘치도록 담으려면 무리를 해야 하는 것이고 무리를 하다보면 여러 가지 폐단과 오류를 범하게 됨으로 고생은 고생대로 하고 그 결과는 오히려 악화가 되어 더 큰 손해를 볼 수도 있다. 바로 그런 유형이 '소탐대실'하게 되는 경우이다. 차라리 애시 당초 마음이라도 비웠으면 속 썩지 않고 건강은 잃지 않을 수도 있다. 이처럼 탐욕지심은 차라리 마음 비움만 못하게 되는 것이다.

이제 우리가 입고 다니는 '옷'에 대하여 한번 생각해보자. 옷은 사람의 날개라고 했다. 물론 입고 다니는 날개보다 보이지 않는 마음의 날개가 더욱 중요하다. 그러나 그 마음의 날개란 쉽게 보이는 것이 아니다. 오랜 시간이 걸려도 어쩜 영원히 볼 수 없는 것일지도 모른다. 그러니 우선 보이는 날개만이라도 제대로 보아야하지 않을까? 내 몸에 걸치고 있는 옷이 아무리 곱고 아름다운 비단옷이라도 내 몸에 맞지 않으면 날개가 아니다. 너무 크거나 너무 작으면 몸에 균형과 조화를 이루지 못해 왠지 어색하고 불편하게 마련이다. 그래서 제대로 입지도 못하고 아까운 돈만 날리게 된다. 좀 잘나지 못한 사람도 자기 몸에 잘 맞게 옷을 입으면 더욱 세련되고 품위 있고 근사하게 보인다. 흔히 말하는 비호감이 호감으로 반전하는 계기가 되는 것이다. 옷을 맵시 있게 잘 입고 다니는 것도 대인관계에서 매우 중요하다. 잘 어울리는 날개에 제대로 갖춘 인격의 소유자라면 그런 사람을 어느 누가 싫다 할까. 카네기의 "인간관계론"을 보지 않았어도 절반은 성공한 것이리라. 그러나 그 날개만 믿고 내면세계의 인격과 수양이 부족하면 그것 또한 부조화와 불균형이다. 그것은 자기 성공에 막대한 지장을 초래하게 된다.

한국의 자동차산업이 국가경제에 미치는 영향과 비중이 매우 높고 효자산업이기도 하다. 또한 1000만대의 자동차 보급률이 인구대비 현재 20%대라고 한다. 이제 현대인들에게는 자동차가 절대 허영이나 사치의 대상 또한 아니다. 이 시대를 사는 남녀노소 누구에게나 없어서는 안 되는 필수품이다.

때문에 운전하는 사람도 많다. 그래서 누구나 다 운전을 해야 하고 운전을 못하는 사람은 마치 이 시대의 미개인이나 장애인 취급을 받는 유머가 있을 정도로 보편화 되었다. 그래서 자기 스스로 자동차 관리를 많이 하게 되는데 누구나 보닛을 열고 엔진오일을 넣어 보았으리라 생각된다. 게이지를 빼 보면 위에 최대(MAX)와 아래 최소(MIN)의 눈금이 있다. 그 중간(HALF) 위치에 오일 량을 맞추는 눈금이 있다. 그래서 가급적이면 그 중간 위치 눈금에 맞춰 오일을 넣는다. 그것은 왜일까? 가득 넣거나 조금이라도 많이 넣는 것이 좋다고 생각하는데 꼭 그 중간 위치에 맞게 넣도록 정비사들이 조언을 한다. 만일 적게 최소(MIN) 위치에 넣으면 오일이 부족해져서 엔진에 심각한 문제가 생길 수 있고 위 최대(MAX) 위치에 넣으면 그것도 엔진의 원활한 최적의 기능에 무리가 생길 수 있기 때문에 그 적당한 위치인 중간(HALF)에 맞추도록 하자는 목적이다. 이것이야말로 부족해도 안 되고 넘쳐서도 안 되는 이론이다.

'금천하차동궤, 서동문, 행동륜(今天下車同軌, 書同文, 行同倫)' 이는 중용 제28장에 나오는 말씀이다. '지금의 세상은 수레의 궤가 같지 않고, 서책의 글이 같지 않으며, 행위가 같지 않다.'라는 말씀이다. 수레의 궤가 같지 않음으로 생겨나는 사회적 불협화음과 불균형적 요소가 세상 질서의 중심과 균형을 흔들고 있다는 말씀이다. 그럼 그렇게 되지 않게 하기 위해서는 타이어(수레바퀴)j의 공기압은 얼마에 맞추는 것이 적당한 것인가? 이것이야말로 매우 중요하다. 우리는 매일매

일 네 바퀴가 달린 인생의 수레바퀴에 나와 내 가족을 태우고 지혜와, 열정과, 사랑과, 황금의 네 수레바퀴로 먼 미래를 향해 꿈과 희망으로 달려간다. 그런데 이 네 바퀴의 공기압이 각자 많거나 적으면 이 자동차는 삐걱거리고 제대로 도로 위를 주행할 수가 없다. 차체의 떨림과 흔들림이 심하고 소음도 매우 커지고 자칫 차체의 중심을 잃게 되면 위험해진다. 그것은 네 바퀴가 조화롭게 일체를 이루지 못하는데서 발생되는 원인적 결과이다. 이것이 바로 현대인들이 살아가는 삶의 현실이다. 우리사회도 입법, 사법, 행정, 국민이 모두 조화롭고 균형 있게 중심을 잘 잡으면 국민 모두가 더욱 안전하고 행복해지리라는 생각이다.

다음은 우리가 좋아하는 '술'을 보자. 술 또한 우리의 일상에서 떼어내고 싶어도 떼어낼 수 없는 품목 중의 하나다. 그 술을 지나치지 않게 적당량 마시면 건강에도 좋고 기분도 좋고 삶과 행복을 함께 누리는데 술보다 더 좋은 명약이 어디 있으랴. 그래서 술을 '약주'라 하기도 한다. 그런데 자기도 모르게 과음하여 지나치게 되면 술이 술을 마시는 상황이 되고 인사불성이 되어 망주가 된다. 술이야말로 우리가 일상에서 주도와 함께 "과유불급"이 되지 않도록 신경써야할 부분이다. 이처럼 과유불급은 우리의 일상에서 자칫 지나치기 쉬운 것을 지나치지 말고 또는 못 미쳐서 그 중심을 잃지 말고 그 합리적 중심점을 잘 잡으라는 말이다. 그러나 못 미친 것은 얼마든지 노력해서 그 중심점에 다다를 수 있지만 일단 지나친 경우는 다시 되돌리기가 어렵다는 말이다.

난 오늘도 많은 말을 했다. 그 말 속에는 칭찬도 있었고 남을 탓하는 비난도 있었다. 말을 하지 않고는 누구든 살 수가 없다. 아주 특별한 경우를 제외하곤 말이 있어 사회생활이 되는 것이다. 곧 말은 언어이고 감정과 의사소통의 수단이다. 이렇게 말이 중요하다보니 세월 따라 말에 대한 명언도 바뀌었다. 과거에는 말을 적게 하는 것이 상대에 대한 배려이고 예의며 미덕이라 해서 "침묵은 금이다." 또는 "남아일언은 중천금"이라고도 했다.

그러나 요즘은 예전과는 반대다. 소위 말하는 "자기 피알(PR) 시대"라 해서 자기를 남들보다 많이 내세우고 말도 많이 하는 것이 보편화 된 세상으로 흉이 되지 않는 세상이다. 때문에 이제는 침묵을 지키는 것은 금은 고사하고 동도, 철도 아닌 것으로 취급되기가 십상이다. 이렇게 사회적 인식과 분위기가 그렇다보니 서로 말을 많이 하는 것이 자기를 돋보이게 한다고 생각하지만 그것은 매우 잘 못된 인식이다.

말이란? 말을 많이 하는 것이 중요한 것이 아니다. 말이 아닌 말은 하지 말아야 하며 나의 말 아닌 말이 혹여 누구의 가슴에 심정유린 화살이 되어 가슴팍에 사정없이 꽂힐 수 있다는 것을 잊지 말아야 한다.

서양속담에 "혀를 잘못 놀리면 목을 잃는다.(The tongue talks at the head's cost.)"라고 했다. 높은 권력을 가진 장관이나 대통령이라 해도 국민을 상대로 말을 잘못했다간 권력의 자리에서 내려와야 한다. 그렇듯이 우리의 입과 말이란? 경우에 따라선 재앙의 문이 될 수도 있고, 자기에 몸을

베는 무서운 칼이 될 수도 있다. 그래서 입을 닫고 혀를 깊이 잘 간직하면 어지러운 세상에서 안전한 몸이 될 수 있다.

그러나 우리속담에 "말 한마디로 천 냥 빚을 갚는다."는 말처럼 이런 말은 복을 짓는 문이다. 이런 문에서 나오는 말은 우리 모두를 행복하게 할 수도 있다. 그래서 말은 아무리 강조해도 나쁠 것이 없다. 때문에 칭찬도, 비난도 늘 넘치지 않도록 하는 것이 인간관계에서 신의에 본이 될 수 있음이다. 그러나 이런 것이 우리의 일상이면서도 늘 잊지 않고 실천하기란 매우 쉽지 않다. 나도 모르게 잘못된 편견과 판단으로 조화와 균형의 중심을 쉽게 잃고 주변 상황에 휘둘리는 경우가 너무 많다.

그래서 늘 자기 자신을 돌아보고 성찰해야 한다. 나는 늘 팽이처럼 살지만 늘 꺼져가는 나의 팽이를 성찰의 채찍질로 중심을 잡고 조화와 균형[3]으로 삶의 목표를 바로 세워 힘 있게 세상을 향해 돌도록 하는 것이 우리의 궁극적 목표요 희망이 아닐까?

---

3) 균형과 조화(均衡과 調和)- 어느 한쪽으로 기울거나 치우치지 아니 하고 고른 상태이다. 그것은 동심을 태우고 오르내리는 시소와 같다. 그것은 저울대가 가장 알맞은 상태에 놓여 있을 때의 평일(平一)한 상태이다. 우주의 가장 건전한 운행은 형평이요, 가장 충실한 생성은 조화이다. 김충열,「김충열 교수의 중용대학강의」,예문서원, 2007, pp.107, 112 참고인용.

거문고와 비파소리가 참 조화롭다.

금슬상화(琴瑟相和)

사자성어에 '금슬상화(琴瑟相和)'는 거문고와 비파의 화음이 조화롭게 잘 어울린다는 뜻이다. 익히 우리 주위에서 금슬 좋은 부부를 그렇게 일컫는다. 부부(夫婦)란? 건강할 때나 병들었을 때나 또는 가난할 때나 부자일 때나 항상 변함없이 아껴주고 사랑하는 것이 부부의 관계이고 관계의 의무이다.

이처럼 결혼한 부부는 누구든 이와 같은 의미의 혼인서약과 맹세를 했었다. 그러나 현실은 다르다. 예기치 않게 찾아오는 난관이 있게 마련이다. 인생에는 산도 넘어야 하고 강도 건너야 한다. 또 오르막이 있으면 내리막도 있다. 그러다 다시 오르막이나 평지를 가기도 한다. 또한 즐거움이나 기쁨도 있고 괴로움이나 슬픔도 있게 마련이다. 그렇듯이 행복만 오는 것도 아니고 불행도 오고 행복도 온다.

단, 크고 작음의 차이와 길거나 짧음의 차이만 있다. 그리고 각각의 현상에 대한 색깔만 다를 뿐이다.

그런데 살다보면 행복보다는 불행이 더 많이 오는 것 같다. 잠시 행복하다 싶으면 어느새 불행의 노크 소리가 여기저기서 내 마음의 문을 두드린다. 그래서 사람들은 그 굳은 맹세를 더러는 잘 지켜가기도 하고 부단한 노력을 통해서 그 시행착오를 최소화 하려는 성의를 갖게 된다. 하지만 대다수는 너무 힘들어 한다.

특히 20세기 이후 급격하게 바뀌고 있는 세계화와 글로벌 환경 그리고 IMF와 같은 세계경제의 장기적불황과 침체의 늪 속에 빠져들면서 현대인들의 삶은 매우 불확실하고 불안전한 고단한 환경에 놓이게 되었다. 그리고 개인주의와 물질만능적주의가 팽배하고 가치관의 혼돈이 유발하는 이질적 현상들이 난무하고 있는 것도 한 원인이 되기도 했다.

물론 아무리 힘들어도 그 맹세를 지키는 것이 당연한 것이고 부부로서의 책임과 의무에 대한 강조로서 논쟁의 여지가 없는 말이다. 그럼에도 불구하고 세상은 우리의 굳은 의지가 변하지 않으면 안 되게끔 각종 시련과 난관으로 장애를 만들고 시험에 들게 유도하고 있다. 그런 것들을 모두 극복해내기 위해서는 부단한 자신의 성찰과, 노력과 인내를 필요로 한다.

그러나 그런 것은 모두가 다 실천하고자 하는 우리의 의식과 의지가 박약해서 비롯되는 사회적 현상이라고 원인적 책임과 도덕적, 윤리적 질타를 하거나 규정할 수 있을지도 모르겠다. 하지만 그런 것들이 다 자기변명이요 자기합리화만은 아닌 듯싶다.

인간의 삶에는 어쩔 수 없는 상황이라는 것이 있다. 그래서 최선을 포기하고 어쩔 수 없이 차선책을 선택해야 하는 경우도 있다. 또 그것도 차선이 안 되면 차차선책이라도 선택할 수밖에 없는 경우가 생길 수도 있는 것이 현재 이 시대를 사는 현대인들의 삶이고 그것을 결코 부인할 수 없는 우리의 자화상인지도 모른다.

이처럼 하루가 모르게 급변하고 다변화하는 문명사회에서 어느 한순간이라도 어벌쩡 대다가는 그 질주의 대열에서 낙오자가 되기 십상이다. 어쩌면 그런 것들이 이 시대를 사는 우리 현대인들의 감성과 정서를 퇴화시키고 열등과 불안한 공포의 늪에서 몸서리치게 하는 엘리트주의에서 파생된 부산물들인지도 모를 일이다.

그러니 그 소중한 혼인서약인들 웬만한 투지와 자질을 갖추지 못하고서는 제대로 지켜나가기가 어렵고 만무한 일이다. 그래서 가면 갈수록 이혼율이 높아질 수밖에 없는 또 하나의 사회적 병리현상이 되어버렸다.

그것은 이미 우리의 삶에 변화된 패턴이고 가치관의 혼돈으로 이어지는 현상이기하다. 이제부터라도 그 혼돈의 중심을 바로 잡지 못하는 한 그러한 현상과 시행착오는 계속될 수밖에 없지 않을까?

물질만능의 시대, 황금만능의 시대가 우리 시대의 삶을 대변하듯이 돈이 있으면 행복하고 돈이 없으면 불행하다. 그렇듯이 돈은 우리의 삶 속에 너무 깊이 들어와서 우리의 삶 자체를 송두리째 움켜쥐고 이리 왈, 저리 왈 하면서 절대적 권한과 억압을 행사하고 있다.

오랜 전 인류가 물물교환하며 살던 때를 생각하면 지금의 이 돈은 종잇조각에 불과하다. 그러나 우리 인간들은 영특해서 돈을 창조했고 그 돈으로 모든 것을 대신한다.

이제 돈의 가치와 그 위력은 이 현대문명사회에선 무소불위의 신 같은 절대적 존재이다. 때문에 우리의 죽음도 돈이 없으면 신도 사람을 못 살린다. 이제는 그 돈이 있어야 신을 존재케 하고 기적도 일어난다. 돈이 없으면 곧 신도 무의미하다. 이것이 지금 현대사회의 문명이요 먼 미래 인류사회의 자화상이기도 하다.

그러니 그 불행과 죽음 앞에서 혼인서약은 혼인서약일 뿐이고 맹세는 맹세일 뿐이다. 맹세를 하고 혼인신고도 하고 도장도 멋지게 찍었으니 그 어떠한 불행과 죽음이 온다 해도 그 맹세를 지키겠노라고 우리가 결코 단언하지 못하는 것은 왜일까? 그 약속과 지켜내야 할 책임을 방임하거나 회피하려는 의도가 아니다. 우린 이쯤에서 좀 더 냉철한 이성과 지혜로서 이 문제를 들여다보아야 한다. 헝클어지고 비비꼬여 있는 문제의 실마리를 합리적 이성과 지혜로 찾아내어서 한 올, 한 올 풀어내야 한다. 그것이 우리의 삶의 조화와 균형이고 질곡의 세상 소용돌이 삶에서 나에 '중심잡기'[1]이다. 내가 한 가

---

1) 중심잡기- 첫째는 사물의 중심과 균형이 깨지게 된 원인을 파악하여 개선한다. 두 번째는 원인의 대상물은 제자리에 그냥 두고 중심축을 이동시키는 방법이다. 중심잡기는 좌우의 상태를 균일하게 지탱하는 방법이다. 광범위한 인간관계의 질서와 회통에서 조화와 균형의 기준점이 되는 것으로서 첫째는 자신의 도덕인격을 확립해야 하고, 둘째는 사람과 사람사이의 원만한 소통이고, 셋째는 천지만물과 함께 동참하여 조화와 균형으로 중화(中和)를 이루어내는 것. 김충열,「김충열 교수의 중용대학강의」, 예문서원, 2007, pp.123~124 참고인용.

정에 가장인 남편으로서, 아버지로서 확고하게 중심을 잡고 내가 아내로서, 엄마로서 확고한 중심을 잡고 있다면 어찌 그런 가정에 부부가 화합하지 않고 '금슬상화(琴瑟相和)'가 이루어지지 않을 수 있으랴. 또 금슬상화가 이루어지니 어찌 '가화만사성'과 '행복'이 꽃피지 않을 수 있으랴.

서양속담에 "화목한 결혼생활은 지상의 천국이다.(Marriage with peace is the world's paradise.)" 또는 "남편이 훌륭하면 아내도 훌륭하다.(A good Jack makes a good Jill."[2] 라는 말이 있다. 아무리 금은보화가 가득해도 부부가 화목하지 않으면 천국은커녕 지옥이나 다름없을 것이 분명하다. 지옥에서 어찌 웃음과 행복의 꽃을 피울 수 있으랴. 또 재산과 돈이 많은데 왜? 무엇 때문에 행복하지 않아? 난 행복해. 하고 억지 반문할 수도 있겠다.

그러나 우리 이웃과 주위를 한 번 둘러보자. 돈이 많다고 해서 반드시 행복하고 돈이 없다고 해서 반드시 불행한 것도 아니지 않는가. 어찌 보면 행복은 부자들 것이 아니라 가난한 사람들에 몫인지도 모른다. 물질적으로 가난한 사람들이 정신적으로 느낄 수 있는 행복마저도 없다면 이것이야말로 정말 비극이 아닐까? 그렇듯이 행복은 물질로 오는 것이 아니라 마음으로 오는 것이기 때문이다.

중용 제15장의 말씀이다. '시왈, 처자호합, 여고슬금. 형제기흡, 화락차탐. 의이실가, 낙이처노!(詩曰, 妻子好合, 如鼓瑟琴. 兄弟旣翕, 和樂且耽. 宜爾室家, 樂爾妻帑!)'라 하였다.

2) 이동진 편저,「동서양의 고사성어」, 해누리, 2005, p, 136, 참고인용.

시경에 이르기를 '처자식의 화목함이 마치 거문고와 비파의 조화롭고 아름다운 소리 같네. 형제들이 의기투합하고 화기애애하고 또 즐겁기만 하네. 마땅히 집안이 모여 한 가족을 이루니 늘 처자식이 즐겁네.'라는 말씀이다.

이처럼 가정의 행복은 가족이 화목한 가운데서 발현되는 것이다. 그리고 '부창부수'라는 말도 있다. 자혜로운 남편이 주장하고 아내가 이에 잘 따르니 아내 또한 어찌 어질지 않으리오. 또한 남편이 남편의 도리를 다하는데 어찌 아내가 아내된 부부에 도리를 다하지 않으리오. 그러니 어찌 부부가 화합하지 않고 닮지 않았다 할 수 있을까.

이렇게 행복이란? 가정이란 틀 속에서 부부가 서로 화합하고 닮아가는 데서 비로소 행복이 싹틀 수 있다. 이것은 어디까지나 부부가 각자의 본분과 중심을 잃지 않는데서 가능한 일이다.

거문고와 비파의 화음이 조화를 이루려면 상호 맞추려는 노력이 선행되어야 한다. 그럼 맞추려는 노력은 무엇인가? 상대를 배려하고 이해하려는 마음의 작용이다. 그것은 부부관계에 있어서 중심을 잡고 있는 '균형 잡기'[3]이다. 조화와

---

3) 균형 잡기란? 좌우 어느 한쪽으로든 기울거나 치우치지 않기 위해 좌우 무게 중심의 상태를 균일하게 하여 어느 쪽으로든 기울지 않는 고른 상태이다. 그것은 동심을 태우고 오르내리는 시소와 같다. '중심보기'는 현상을 바로 보고, 바로 이해하고, 바로 행동하는 것에 그 목적이 있다. 바로 행동한다는 것은 균형 있게 중심을 잃지 않고 바로 자신을 일으켜 세워서 삶(일상)이라고 하는 반석 위에서 행복의 꽃을 피우는 목적일 것이다. 우주의 가장 건전한 운행은 형평이요, 가장 충실한 생성은 균형과 조화이다. 김충열,「김충열 교수의 중용대학강의」, 예문서원, 2007, pp,107, 112 참고인용.

균형으로서 남편답게, 아내답게, 부모답게 각자의 본분에 충실하고 성의 있게 중심을 잡아가는 것이다. 이것이 내 가정에 행복과 평안을 성취하는 것이며 우리의 이웃과 사회와 국가를 발전시키고 융성케 하는 첩경이 되지 않을까.

명필가는 붓을 탓하지 않는다.

능서불택필(能書不擇筆)

당나라 때의 일이다. 명필가로 소문난 사람 중에 '저수량(褚遂良, 559-657)'과 '구양순(歐陽詢, 557-641)'이라는 사람이 있었다. 구양순은 진나라 왕희지(王羲之, 307-365)에게 글씨를 배웠다고 한다. 저수량은 당대에 글씨를 잘 쓰기로 소문이 났으나 단, 붓이나 먹을 매우 까다롭게 골라 쓰는 특징이 있다 하였다.

하루는 저수량이 그의 선배인 우세남을 찾아가서 자신의 글씨와 구양순의 글씨를 비교하면서 어느 쪽의 글씨가 뛰어나고 잘 쓴 글씨인지를 물었다. 그러자 우세남이 답하기를 "구양순은 붓이나 종이를 가리지 않고도 자유자재로 글씨를 쓴다면 글씨를 가려 쓰는 자네보다는 더 낫지 않겠는가?"라고 답했다 한다. 저수량은 그 말에 아무런 대꾸를 하지 못하고 멋쩍게 돌아갔다는 얘기다.

프랑스 속담에 "능숙한 석공은 돌을 마다하지 않는다.(He

is not a mason who refuses a stone.)"했다. 또한 "용감한 자는 무기가 따로 필요 없다.(A courageous man never wants weapons.)"[1]는 서양속담도 있다. 그렇듯이 능숙한 일꾼은 애꿎게 연장을 탓하지 않는 법이다. 그러나 연장을 탓하는 것은 자신의 무능을 연장에 덮어씌워 일면 모면해보자는 심산이 깔려있기 때문이다.

아무튼 우리 주위에서 글씨를 잘 쓰는 사람이건, 기술 있게 연장을 잘 다루는 사람이건 간에 아무튼 재능과 실력 있는 사람을 보면 매우 부럽다. 그래서 가끔은 잘 쓴 글씨를 보면 따라서 흉내를 내보기도 한다. 그러나 여간해서는 잘 쓴 글씨를 만나기도 어렵고 아무리 노력해도 잘 쓰기도 어렵다. 또 만났다 해도 생각처럼 잘 안 된다.

글씨는 잘 쓴 글씨를 따라서 자주 쓰고 흉내를 내다보면 좋아질 수도 있다. 예전에 만년필이나. 펜으로 편지를 써서 보내던 시절엔 상대에게 잘 보이려고 정성도 만이 들였다. 그래서 악필인 사람들은 부모 형제나 남에게 편지를 쓴다는 것이 매우 두렵고 글씨 공포 그 자체였다. 그래서 친구들 사이에서도 글씨를 잘 쓰는 친구에게 밥이나 술을 사주고 대필하기도 했다. 아무튼 그때는 글씨를 잘 쓰면 5급공무원 면서기라도 되어야 한다고 했고 글씨를 못 쓰는 사람은 흉이 되기도 했던 시절이 있었다.

그런데 요즘은 글씨를 못 쓴다고 그것이 흉도 아니고 자신들도 전혀 부끄럽게 생각하지 않는다. 이제는 글씨를 쓰는 시

1) 이동진 편저,「동서양의 고사성어」, 해누리, 2005, p, 178, 참고인용.

대가 아니라 글씨를 키보드 위에서 치는(type writing) 시대이기 때문이다. 활자문명도 컴퓨터산업의 발달에 따라 워드프로세스로 전환되었기 때문이다.

글씨를 얼마만큼 미려하게 잘 쓰느냐가 아니라 정해진 시간에 얼마나 빠르게 많이 칠(typing) 수 있느냐가 더 중요한 기준이 된다. 그것은 곧 시간이 돈이고 돈이 시간이기 때문이다. 그래서 알바비용도 시간당으로 계산한다. 이제는 일상에서 조차 육필로 자주 쓰지 않으니 오히려 잘 쓰던 글씨도 악필이 되고 펜을 잡는 것마저도 왠지 어색해지는 느낌이다.

80년대 필자가 편집부 책임자로 일하고 있을 때에 일이다. 그 때는 모든 원고가 200자 원고지나 노트 같은 것에 정성들여 써진 원고를 받아서 활판인쇄를 하거나 사진식자를 쳐서 인화지에 현상하고 그것을 다시 잘라서 편집(대지작업)을 하고 하나의 원고가 만들어지면 카메라로 촬영해서 필름을 만들고 그것으로 옵프셋인쇄(offset printing)인 다량생산(인쇄공정)에 들어간다.

때문에 편집과정에서 정성들여 잘 써진 원고를 보면 참으로 글쓴이에게 고마운 생각이 많이 들었다. 그리고 그렇게 정성들여 쓴 저자의 인품이나 자질까지도 예견해 보기도 한다. 그 많은 육필원고를 보면서 참으로 다양한 글씨체를 경험해 보았지만 신기하게도 똑 같은 글씨체는 거의 하나도 없었다. 깔끔한 글씨체에 원고작성이나 정리도 잘 된 원고를 보면 왠지 일이 더 쉬울 것 같은 생각이 들어서다. 사실 생각만 그런 것이 아니라 편집업무에 종사하는 많은 실무자들이 원고 판독이 쉬워 시간을 절약하고 능률적이어서 고생을 훨씬 덜하게 된다.

그러나 악필의 경우 그것을 타이핑하는 오퍼레이터나 교정자들이 원고 판독이 쉽지 않기 때문이다. 그런데 아직도 그 당시 악필 중에 악필 두 사람을 필자는 잊을 수가 없다. 그 두 사람의 원고를 받으면 모든 사람들이 짜증부터 낸다. 속된 말로 "이게 글씨냐 개발 소발이지" 하면서 투덜대던 여직원들의 모습이 절로 떠오른다.

도무지 알아보기 힘든 글씨에 여기저기 추가 삭제가 난무하는 원고는 정말 원고를 제대로 읽어가기도 힘들다. 어렵게 앞뒤 문맥 맞혀보고 마치 기호 암호 풀어내듯 해야 하니 도무지 능률이 나지 않기 때문이다. 그 때부터 나는 가장 잘 쓴 글씨에 원칙과 기준이 바뀌었다. 가장 잘 쓴 글씨는 '누구나 쉽게 알아볼 수 있는 글씨'를 가장 잘 쓴 글씨에 기준으로 삼게 되었었다.

필자도 한때는 반듯 반듯하게 글씨를 쓴다는 이유로 군복무시절 행정실에서 근무를 한때가 있었다. 우리가 사회에서 직장생활을 하다모면 별의별 글씨체를 다 접하게 된다. 도저히 앞뒤를 맞춰보지 않으면 도저히 알 수 없는 글씨체를 보기도 한다. 그리고 글을 쓰는 작가나 집필자들 중에도 악필을 만나면 출판사나 편집 실무자들이 해독하기에 시간을 낭비하고 상당히 애를 먹기도 하기 때문이다.

그러나 정말 잘 쓴 글씨는 미려하고 멋도 있어야지만 제일 중요한 것은 다른 사람이 쉽게 알아볼 수 있도록 쓰는 글씨체가 제일 잘 쓴 글씨라고 할 수 있다. 그러나 이젠 그런 고민도 필요 없는 세상이 되었다.

아무튼 "글씨는 글씨를 쓰는 사람의 마음 또는 마음의 거울"이라고도 했다. 때문에 글씨가 삐뚤면 마음이 삐뚤어서라고 핀잔을 주거나 받기도 했다. 이처럼 글씨란 글씨를 쓴 사람의 마음이 잘 표현된 것 중 하나였다. 그래서 글씨를 잘 쓰기 위해선 반듯한 몸과 마음을 강조했다.

비싼 붓으로 글씨를 쓴다고 해서 꼭 명필이 되는 것은 아니다. 탁월한 글씨는 싸구려 붓도 마다하지 않는다. 실력 있는 목수는 낡은 연장을 탓하지도 않는다고 했다. 또 솜씨 없는 요리사가 요리에 들어갈 재료를 탓하고 주방기구를 탓한다고 했다. 그렇듯이 우리는 자신의 재능이나 실력을 연마하는 데는 게을리 하고 남들이 알아주지 않는 것을 탓하고 불만을 갖기도 한다.

무능한 정치인들은 국민들이 말도 안 듣고 미천해서 정치가 어렵고 나라꼴이 이렇게 엉망이라고 불평하기도 한다. 그러나 어진 정치지도자는 선민과 우민을 구분하여 따지지 않고 지혜와 슬기로써 강한 국가를 이끈다. 하지만 우리가 여기서 구양순의 붓이나 종이를 '나라의 백성'이라고 한다면 너무나 큰 비약일까? 그러나 한번 생각해보자.

중용 제10장의 말씀이다. '고군자화이불류, 강재교, 중립이불의, 강재교(故君子和而不流, 强哉矯, 中立而不倚, 强哉矯)' 이 말씀은 '군자는 화합하나 휩쓸리지 않으니 이것이 강함을 바로잡아 세우는 것이요, 중립하면서 기대지 않으니 이것이야말로 진정한 강이다.'라는 말씀이다. 중용에서의 강함은 휩쓸리지 않는 강함, 기대지 않는 강함, 변질되지 않는 강함, 두려워하지 않는 강함이 합쳐 이루어진다.

붓과 종이를 가리는 '저수량'의 글씨란? 백성을 좌우로 구분하는 것과 다를 바 없다. 그 구분에 따라서 선민 또는 우민으로 양분되고 영남과 호남과 같은 지역주의가 대립적 갈등을 만들기도 한다. 또 도시에선 엘리트와 비엘리트로 구분되는 것과 같다. 그렇게 구분에 따라서 정치에 지도력이 다르게 작용하고 나타날 수 있는데 진정한 지도자의 지도력이란? 좌우를 구분하지 않고 아우르고 소통하는 포용의 지도력이어야 하지 않을까? 대다수의 국민은 이것을 원하는 것이다.

저수량도 당대에 글씨를 잘 쓰기로 소문난 명필가이다. 그러나 저수량은 그 명성에 걸맞지 않게 붓이나 먹을 매우 까다롭게 골라 쓰는 특징 때문에 명필가의 반열에 올랐는지도 모른다. 글씨를 잘 쓸 수 있는 조건이 맞지 않으면 글씨를 쓰지 않거나 글씨를 써도 제대로 쓸 수 없는 덜 갖추어진 재능이라는 말이다. 그 만치 실력이나 재질에 있어서 한 수 아래인 것이다. 즉 저수량의 재질은 대상에 따라 달라지고 재질에 다양성이나 특징을 뛰어넘지 못하는 한계이므로 재질의 대상을 하나로 통합하여 자기와의 화합을 이루지 못하는 것이다. 저수량의 실력은 자기 자신도 이길 수 없는 강자로서 진정한 강자가 될 수 없었다.

그러나 구양순의 글씨는 붓과 종이를 구분하지 않는 명필이고 달필의 경지이다. 누구든 대적할 수 없는 강함의 필적이다. 대상을 가리지 않고 포용하며 대상의 다양성과 특징도 자유자재로 뛰어넘는 실력은 진정 강함에 강이라 아니할 수 없다. 대상의 재질을 부드럽거나 거칠거나 구분하여 탓하지 않고, 잘났거나 못났거나 가리지 않고 포용해서 자기 자신과의 화합을 이루어내는 이것이야말로 진정으로 좌우를 아우르고 포용하는 리더십이고 달인의 강한 소양과 품성이라 할 수 있지 않을까.

그것은 좌우 소통과 더불어 좌우를 이어내는 가교의 중심적 역할이 매우 중요함을 인식하는 통찰의 마음가짐이기도 하다. 그것은 좌우의 균형과 조화[2]를 이루게 하는 사회대통합의 정신을 글씨쓰기에서 담아 보인 명필가의 실천적 사상이다.

이 시대 정치지도자에게서 바라는 우리의 마음은 구양순의 글씨가 붓과 종이를 가리지 않는 것처럼 보수와 진보는 있되 구분하여 탓하지 않고, 강남과 강북은 있되 구분하여 차등하지 않으며, 부드러움과 거침 그리고 잘난 것과 못난 것을 탓하지 않는 포용과 화합의 정신으로 소통과 대통합의 정치 리더십을 보고 싶은 것이다. 그러면 그것이 곧 백성의 희망이요 행복한 사람이 좀 더 많아지는 그런 세상이 되리라 믿는다.

---

2) 균형과 조화(均衡과 調和)- 균형이란? 어느 한쪽으로 기울거나 치우치지 아니하고 고른 상태이다. 그것은 동심을 태우고 오르내리는 시소와 같다. 그것은 저울대가 가장 알맞은 상태에 놓여 있을 때의 평일(平一)한 상태이다. 우주의 가장 건전한 운행은 형평이요, 가장 충실한 생성은 조화와 균형이다. 균형과 조화는 중심축의 이동과 변화다. 김충열,「김충열 교수의 중용대학강의」,예문서원, 2007, pp. 107, 112 참고인용.

많으면 많을수록 더욱 더 좋다.

다다익선(多多益善)

세상이 눈부시게 발전했다. 그러니 좋은 것도 많고 갖고 싶은 것도 많다. 그 대표적인 것이 돈과 재물 그리고 권력과 명예다. 그 돈만 있으면 무엇이든지 안 되는 것이 없고 다 된다고 믿게 되는 세상이다. 돈으로 권력도 사고 명예도 살 수 있다. 곧 돈이 권력이고, 권력이 돈이기 때문이다. 그 권력과 돈이 이 세상과 이 사회를 움직인다. 그래서 일명 현대를 '황금만능시대'[1]라 지칭한다. 그런데 넘쳐나는 그 돈들은 다 어디에서 누가 가지고 있는가?

그러나 현재 우리 현실은 그 돈을 가진 사람들보다는 못 가진 사람들이 더 많은 사회이다. 돈을 못 가진 사람들이 더 많으니 상대적으로 적은 사람들이 더 많은 돈을 소유하고 있다.

---

1) 황금만능시대(黃金萬能時代)- 물욕과 탐욕에 매몰되어 돈이면 무엇이든 마음대로 할 수 있다고 믿는 잘못된 경제관념을 지향하는 세태로서 황금이 모든 것에 능하다는 뜻이다. 돈만 있으면 무슨 일이든지 뜻대로 할 수 있다는 사고방식.

그러니 많은 사람들이 행복해야 되는데 적은 사람들이 많은 사람들의 행복마저도 가로채어 과분하게 누리고 있다. 그렇지 않다고 부인하고 싶지만 그러나 그것이 사실이다.

애석하게도 못 가진 사람들이 약95%에 달한다는 통계이다. 그리고 그 많은 돈들은 우리나라 전체 인구에 약5%에 해당되는 권력자들의 손아귀에 들려있다는 분석이기도 하다. 예컨대 우리나라의 전체 국민이 50,000,000명이고 재산적 가치가 1000조라고 한다면 47,500,000명의 재산은 50조이고, 2,500,000명의 재산은 950조에 이른다는 말이다.

이것이 부익부 빈익빈(富益富 貧益貧)을 만들어가는 자본맹신주의가 낳은 잘못된 경제구조의 왜곡 때문이다. 이것이 자본맹신주의가 가지고 있는 자본론이고 "다다익선"이 의미하는 정설이다. 돈은 돈을 낳고, 권력은 또 권력을 낳는 구조적부조화의 사회경제시스템 때문이다.

그러나 이 다다익선을 싫어할 사람이 어디 있겠는가? 다만 자기에게 "다다익선"에 기회가 없었을 뿐이다. "다다익선"의 본성은 자석과도 같다. 자본의 속성 또한 다다익선이다. 돈이던 재물이던 사정없이 끌어 당겨서 오로지 자기 것에 더할 줄만 안다. 아무리 많아도 '이것은 너무 많다'라든가, '이것은 너무 적다'라든가 하는 분별적 개념이 돈과 권력엔 없다. 다시 말해 너무 많으니 좀 덜어야지, 너무 적으니 좀 보태야지 하는 스스로의 지각과 분별이 되지 못한다는 말이다. 오로지 자본의 본성과 속성에 따라 충실할 뿐이다.

그런데 "다다익선"이라고 해서 무조건 나쁘다거나 좋은

것만은 아니 다. 예컨대 간신과 소인배들이 많은 세상은 어지럽고 나라는 매우 혼란스럽다. 또한 오합지졸은 아무리 숫자가 많아도 백전백패일 뿐이다. 나라를 위하고 공익을 위한다면서 온갖 탐욕과 사리사욕에 눈먼 위정자들이 많은 정치판에선 온갖 권모술수와 부정부패로 나라와 백성을 힘들게 할 뿐 바른 정치가 설 수 없다. 결국은 나라를 망치게 된다.

또한 요즘 같이 실업자가 많은 시대에 더욱 실업자가 양산된다면 국가경제와 사회적 어려움을 정부는 어떻게 감당하겠는가? 즉 다다익선이라는 것은 그 대상이 재물이든 사람이든 어떤 작용에 현상적 기준이든 간에 모두 불균형을 초래함으로써 '근본적 중심가치'가 깨져서 위태롭게 한다는 것이다.

불균형은 중심을 잃는 상태이다. 그 불균형의 정도에 따라 중심의 흔들림이 견딜만 하거나 혹은 매우 심해 견딜 수 없어 원형을 유지할 수 없는 상태가 되는 것을 의미한다. 즉 평형저울에 가장 안정된 상태는 저울추의 무게와 물건에 무게가 일치하는 상태이다. 그러나 물건과 저울추에 무게가 서로 다르다면 저울은 안정된 평형을 이루기가 불가능하다. 그 안정된 위치를 찾아가는 이론이 중용(中庸)의 이론이다.

중용(中庸)의 사전적 의미는 '어느 쪽으로든지 치우침이 없이 중정(中正)함'이다. 그러나 중용의 의미는 더 깊고, 더 폭넓게 쓰인다. 중용의 중(中)은 어느 쪽으로든지 치우침이 없는 것으로 불편불의(不偏不倚)[2] 이다.

---

2) 불편불의(不偏不倚)- '불편불의'라 함은 정자가 말한 재중(在中)의 의미이니, 감정이 발산하기 이전 미발(미발)의 상태로서 치우친(偏倚)바가 없음을 말함이

중용 제1장의 말씀이다. '중야자 천하지대본야, 화야자 천하지 달도야(中也者 天下之大本也, 和也者 天下之 達道也)' 이는 '중(中)은 세상에서 가장 으뜸가는 근본이고, 화(和)는 세상에서 통용되는 일상의 도리이다'라는 말씀이다. 세상에서 가장 으뜸가는 근본의 이치와 세상에서 통용되는 일상의 도리가 만나 중화(中和)를 이루면 이것이 즉 인간의 삶이다. 이것에 충실한 삶이 행복의 가치를 지닌 삶이다.

어쨌든 그 돈과 재물이 얼마나 있으면 우리가 모두 만족할 수 있겠는가. 그것이 많으면 많을수록 행복할까? 그러나 그렇지 않다. 재물이 많으면 많을수록 근심걱정은 더욱 커진다. 혹여 누가 내 재산을 빼앗아가지나 않을까. 아니면 내 재물이 나도 모르게 어디로 새어나가지나 않을까. 등등 한시도 마음 편할 날이 없다. 근심걱정도 덜고 불편함도 없으려면 끝없는 탐욕이 아니라 균형을 잃지 않는 합리적 소유이다. 노력한 만큼의 소유가 그 취지에 부합하는 것이다. 그것이 나의 삶에 중심(中心=가운데 마음)을 지켜내는 일이다.

그래도 혹자는 돈에 깔려 죽는 한이 있더라도 원 없이 돈을 한 번 가져봤으면 좋겠다는 사람도 있다. 그러나 '돈과 재물'이란? 마음대로 갖고 싶다고 해서 가져지는 것도 아니지만 무조건 돈과 재물을 멀리하고 갖지 말아야 한다는 것도 아니다. 단 돈과 재물을 담을 수 있는 그릇의 크기가 누구에게

다. 다시 말해 불편불의는 마치 사방 어느 곳에도 치우치지 않은 것으로서 이것은 마음의 본체요, 공간(地)에 있어서는 중앙이다. 박완식,「중용」, 여강출판사, 2005, p, 348 참고인용,

나 따로 있고 그 크기만큼만 자신의 분수에 맞게 취할 때 그것이 정도(正道)이다.

또 그것을 취하는 과정에서도 나의 목적과 이익을 위해 사회적 책임과 규칙을 위반했는지 면밀히 따져봐야 할 일이다. 새로운 국가지도자가 탄생되고 새 정부가 들어섰다. 그에 따라 새로운 정부 조직개편도 이루어졌다. 새로운 조직에 새로운 인재들이 발탁되어 국가와 민족을 위해 일할 인물들이 인사청문회라고 하는 등용의 검증을 받고 있다. 그러나 정도를 위해 일할 사람들이 하나 같이 정도가 아닌 사도(邪道)로 얼룩져 있음이 안타깝다.

혹자들은 가난한 것이 무슨 자랑이라도 되느냐고 반박하기도 한다. 그렇다. 그것은 절대 자랑거리가 될 수 없다. 단, 내가 부를 축적하기 위해 내가 아닌 다른 사람에게 물적, 정신적 피해를 주지 않았고 바르게 살아 하늘 우러러 한 점 부끄럽지 않고 떳떳하고, 당당할 뿐이지 않는가. 그 당당할 수 있다는 것이 요즘 세상엔 구도의 길보다도 더욱 힘든 일이 되어버렸다. 그래서 사람들은 그 길은 가지 않으려 회피하고만 있다.

그래도 이 세상은 그 당당한 사람들이 아직은 조금 더 많아 우리사회가 유지되고 세상이 돌아갈 수 있다고 믿고 싶다. 때문에 세상이 계속 팽이처럼 돌게 되는 것이고 앞으로도 인류의 미래를 위해 지속적으로 돌아가게 하기 위해서는 우리의 손에 들린 각자의 팽이채로 쉬지 말고 팽이를 쳐서 정도의 중심을 잡고 돌게 해야 한다. 나만은 그 대열에서 빠져도 된다는 생각은 버려야 한다. 그렇게 생각해서 너도 나도 다 빠져버리면 미래를 기약할 수 없는 일이다. 미래는 있을지 몰라도 우리의 소중한 행복은 없다.

그래서 '내일 종말이 올지라도 한 그루의 사과나무를 심자'는 스피노자의 명언처럼 우린 그런 마음으로 기우뚱거리는 우리의 일상적 삶에 팽이를 힘 있게 쳐서 다시 잡아 세우고 또 쳐서 '행복의 중심'[3)]을 잡고 힘차게 미래를 향해 세상이 돌아가도록 해야 할 책임과 의무가 있다.

우린 돈만 많으면 잘 살 수 있다고 생각하는데 "잘 사는 것"과 돈이 많은 것과는 별개의 문제다. 우리 주변엔 돈이 아무리 많아도 잘 살지 못하는 사람들이 너무 많다. "잘 산다는 것"은 삶의 보람과 행복을 얼마만큼 느끼고 잘살 수 있느냐는 것이다. 행복을 느낄 수 없다면 아무소용이 없다. 돈과 재물이 아무리 많아도 하루하루의 일상이 지옥 같은 사람이 있는가 하면 부자는 아니어도 내가 행복하고, 웃음꽃이 활짝 피는 가정 그런 가정 속에 내가 있다면 그것이야말로 이 세상을 비로소 '행복하게 잘 사는 것'이라고 할 수 있다.

---

3) 행복의 중심- 마음이 가난한 사람은 행복하다. 하늘나라가 그들의 것이다. 슬퍼하는 사람은 행복하다. 그들은 위로를 받을 것이다. 온유한 사람은 행복하다. 옳은 일에 주리고 목마른 사람은 행복하다. 그들은 만족할 것이다. 자비를 베푸는 사람은 행복하다. 그들은 자비를 입을 것이다. 마음이 깨끗한 사람은 행복하다. 그들은 하느님을 뵙게 될 것이다. 평화를 위하여 일하는 사람은 행복하다. 그들은 하느님의 아들이 될 것이다.《신약성서 마태복음 5:3~10》참고인용. 인간들이 행복한 것은 몸이나 돈에 의하는 것은 아니고 마음의 올바름과 지혜의 많음에 의한다.《데모크리토스》행복은 자주(自主), 자족(自足) 속에 있다.《아리스토텔레스/에우데모스 윤리학(倫理學)》참된 행복 앞에서는 부(富)도 연기만큼의 가치밖에 없다.《소포클레스/안티고네》명언 참고.

행복은 나의 중심 안에서 균형과 조화를 이루는 리듬감이다. 이 리듬감은 곧 중심(中心=가운데 마음)이다. 법정스님께서는 행복에 대해 이렇게 말씀하셨다. "행복은 결코 많고 큰 데만 있는 것은 아닐 것이다. 적거나 작은 것을 가지고도 고마워하고 만족할 줄 안다면 그는 행복한 사람이다. 현대인들의 불행은 모자람에서가 아니라 오히려 넘침에 있음을 알아야 한다. 모자람이 채워지면 고마워하고 만족할 줄을 알지만 넘침에는 고마움과 만족이 따르지 않는다."라고 생전에 하신 말씀이다.

이 나라에 돈과 재물은 어차피 한정되어 있다. 어느 특정인에게 그 돈과 재물이 부당하게 몰리면 누군가는 그 부분만큼 손해를 보거나 줄어들게 되는 것이다. 그러므로 누군가가 탐욕에 손으로 마구 거두어드리면 누군가는 그 탐욕의 손에 희생자가 되는 것이다. 그러니 나의 탐욕으로 나만 행복하면 되고 남의 행복이나 불행 따위는 나와는 아무 상관없다고 한다면 결국은 자신도 불행해 질수 있다는 것을 알아야 한다. 지금 그런 것이 사회적으로 배려되지 않고 있기 때문에 소위 말하는 '부익부 빈익빈'의 현상이 더욱 심화되고 있고 때문에 더욱 쏠림과 양극화가 심화되어 가고 있는 것이다.

독일속담에 "자기 것이 너무 많다고 생각하는 자는 없다.(No man ever thought his own too much.)"[4] 라는 말이 있다. 이것이 사람의 마음이고, 이것이 돈과 권력의 속

---

4) 이동진 편저,「동서양의 고사성어」, 해누리, 2005, p. 184, 참고인용.

성이다. 마치 자석과 같은 속성 때문이다.

또 잠비아속담에 “사람들은 개와 같아서 언제나 더 많은 것을 원한다.(People are like dogs they always want more.)”[5] 라고 했다. 이 얼마나 적절한 비유인가. 개가 무슨 이성적 판단을 내리겠는가. 그것은 돈과 재물, 권력에 눈이 멀어 탐욕을 부리는 것은 사람이 할 수 있는 일이 아니라는 뜻이다.

그렇다면 인간에게 과연 재산은 얼마나 있으면 좋은 것인가? 설명하긴 어렵지만 약 1 : 4 정도의 비율이면 가장 합리적인 기준이라고 누군가 말했다. 즉, 1개 가진 사람보다 많이 가진 사람이 4배 정도면 된다는 것이다. 그 이유는 4개 가진 사람이 1개 가진 사람에게 1개를 주었을 때 그것을 받은 사람은 2개가 된다. 그리고 1개를 주었어도 본인은 2개를 가진 사람보다 여전히 1개가 더 많은 3개를 소유한 자가 된다는 것이다. 2개를 가진 사람보다는 여전히 부가 그 우위에 있고 순서는 바뀔 수가 없다는 것이 그 이유에서다. 그럼에도 불고하고 4개 이상의 ‘다다익선’을 바라는 것은 절대 선이 될 수가 없으며 그것은 개의 탐욕에 불과한 행위라고 했다.

그리고 나 보다 못한 사람을 도왔으니 그보다 보람 있고 의미 있는 일은 세상에 없기 때문이다. 이렇게 부를 축적하는데도 마구잡이식의 부를 축적하는 것이 아니라 배려와 정도가 있는 의식은 매우 값진 정신이고 멋진 철학이 아닐 수 없다.

---

5) 이동진 편저,「동서양의 고사성어」, 해누리, 2005, p, 184, 참고인용.

그럼에도 우린 그런것을 마음으로부터 경계하지 못하고 황금물욕에 눈을 쉽게 다친다. 황금에 눈을 다치면 우리의 영혼은 더 이상 아름다운 빛을 발할 수가 없다. 아마 빌게이츠나 오마하의 현인 워렌 버핏이 이런 부의 정도와 가치기준을 가지고 인류사회의 번영과 행복을 위해 몸소 실천하는 분들이 아닌가 싶다.

이제부터라도 우리가 해야 할 일은 명약관화한 양극화의 사회적 문제를 제대로 바로보고 바로 잡아야 한다. 우리사회의 중산층이 두터워져서 튼실한 허리가 되도록 하는 경제구조의 개선이 이루어지면 좀 더 많은 사람들이 행복한 삶을 살 수가 있다. 그것만이 우리 미래사회의 번영과 행복을 이루는 첩경이 될 수 있다는 것을 지금 직시하지 않으면 더 큰 사회적 혼란과 위기에 직면한다는 것을 인식해야 한다.

그 중심적 가치의 근본을 바로 세워야 한다. 우리 사회의 중심과 조화로움이 깨지지 않고 곳곳에서 발생하는 병목현상을 해소시킬 방도에 대하여 각계각층에서 진지한 고민과 성찰이 요구되고 있다.

짜던 베를 끊어버리고 훈계하다.

단기지교(斷機之敎)

단기지교(斷機之敎)란? 맹자가 청년시절 집을 떠나서 공부할 때에 있었던 이야기다. 어머니가 그립고 보고 싶은 마음에서 하던 공부를 마치지도 않고 중단한 채 홀로 계신 어머니를 찾아갔다. 그런데 맹자의 어머니는 아들이 집으로 들어서자마자 짜고 있던 베를 가위로 잘라버렸다.

그 시절엔 옷감이 너무 비싸고 귀했던 시절이다. 그것을 지켜보던 맹자가 어찌할 바를 몰라 어리둥절하고 있는데 맹자에 어머니는 못마땅한 듯 아들을 꾸짖었다. "네가 공부를 하다말고 중도에 집으로 돌아온 것은 내가 짜고 있던 베를 도중에 끊어버린 것과 마찬가지다. 사람이 학문을 익히지 못하는 것은 남의 하인이 되거나 도둑이 될 뿐이다."[1] 라고 크게 꾸짖었다한다. 맹자는 순간 크게 깨닫고 어머니에게 송구한 마음으로 다시 집을 떠났다고 한다. 또 잘 알려진 '맹모삼천

1) 이동진 편저,「동서양의 고사성어」, 해누리, 2005, p. 186, 참고인용.

지교'도 가정교육에서 빼놓을 수 없는 일화이다. 이처럼 맹자의 어머니는 자녀교육에 있어서 이 세상 그 어떤 어머니보다도 훌륭한 모범적 어머니였다.

이 세상에서 자기 자식 귀하지 않은 부모 어디 있으랴. 하지만 오늘 날 자녀교육의 현실을 보면 가정교육이던지, 학교교육이던지 참으로 걱정이 앞선다. 사제의 관계가 묘연하고, 학부모와 학교의 관계가 서먹하고, 자녀와 부모의 관계가 동상이몽 같은 앙숙관계 같기만 하다. 그런 현실에서 우리 자녀들의 인성이야 어떻게 되던 말든 상관없이 부모들은 자녀가 성적만 올리기를 강요한다. 또 사제지간에도 마음 놓고 '교육의 매', '사랑의 매'를 주고받을 수가 없고 학교와 학부모의 관계에도 친밀성과 믿음이 사라진지는 진즉 오래다.

어린나이에도 홀로 힘들게 계신 어머니를 생각하는 맹자의 지극한 효성과 마음이 참으로 아름답고 기특하지 않는가. 그러나 어머니는 자식의 장래를 위해 1등이 되고 출세를 해서 돈을 만이 벌라는 교육을 한 것은 아니었다. 그것은 지식인이 되어서 많은 사람들에게 본이 되고 도움을 주는 훌륭한 사람이 되라는 뜻이고 진정으로 그렇게 바라지 않았을까.

그러나 오늘날 부모들은 어떤가. 그저 교육의 목적을 성공의 수단과 방법만으로 생각하는데 더 큰 문제가 있는 것이 아닐까? 때문에 수단과 방법을 가리지 않고 일류 학교에 들어가기만을 바라고 또 일류기업에 들어가서 남들보다 돈 많이 벌고 경제적으로 풍족하기만을 바란다. 그러면 인생을 성공했다고 보는 것이다.

오로지 자녀교육의 목표가 그렇다보니 그저 1, 2등이 아니면 안 되는 세상이고 그런 세상으로 우리의 자녀들을 끝없이 내몰고 있는 것이 현대사회의 현실이다. 너는 공부만 잘해라. 돈 들어가는 일은 부모인 내가 알아서 하마. 그리고 등골이 휘도록 뒷바라지를 한다. 이러한 교육의 열정들이 한국사회의 사교육 열풍을 지나치게 만들어낸 결과일 게다. 그리고 그런 사교육열풍에 우리사회가 병들고 우리의 자녀들이 일등주의의 소용돌이 속에서 침몰하여 절망하고 있는 것인지 모른다.

이렇게 부모들의 비뚤어진 성공의 가치관과 교육열로는 참다운 미래를 기약하기 힘들다. 2등, 3등에 역할도 중요한 것이지만 꼴지도 존재해야 일등도 존재한다는 사실을 알아야 한다. 전부다 1등, 2등만 하면 3등, 4등 아니 꼴찌는 누가해야하나. 내 자식은 안 되고 남의 자식만 꼴찌를 해야 한다는 것은 논리적 모순이다.

아이들은 부모가 원하든 원치 안든 1등이 될 학생은 1등이 되는 것이고 2등, 3등이 될 학생은 2등, 3등이 되는 것이다. 이처럼 우열은 자연스런 현상이다. 그것은 아이들이 따고난 성향과 개성, 재능 그리고 노력여하에 따라 나타나는 자연스러움이다. 그런 자연스런 현상을 인위적으로 전부 1등이 되어야하고 1등을 만들겠다고 아우성치는 것은 부모들의 매우 잘못된 착각이고 부자연스러움의 극치다.

그렇다고 학교교육에서 1등한 학생이 사회에 나가서 반드시 성공한다는 보장도 없다. 또한 꼴찌를 했다고 해서 반드시 성공을 할 수 없다는 것도 아니다. 사람은 학교교육에서 좀 뒤떨어지는 열등생이었어도 각자 한두 가지씩 자기의 재능은 있게 마련이다. 그 재능을 계발하고, 자기가 성실하게 인내를 갖고 노력하면 누구나 성공할 수가 있다.

그러나 성공보다 더 중요한 것을 간과하고 있다. 그것은 바로 1등이나 성공보다 더 중요한 것이 '사람을 알고', '사람을 사랑'할 줄 아는 힘이다. 사람을 알고 사람을 사랑할 줄 알게 하는 것이 바로 인문학의 근본인 '인문정신'이기 때문이다. 그리고 그 인문정신은 '사람과 사람'의 관계에서 끝없이 주고받는 수수작용(授受作用)이다. 식물이 공기 중에서 섭취한 이산화탄소와 뿌리에서 흡수한 물로 엽록체 안에서 탄수화물을 만드는 탄소동화작용 같은 것이다.

그것은 상호관계에서 이해와 신뢰의 작용을 하게하는 에너지이다. 이 에너지가 충만하여 사람과 사람의 관계에서 차고 넘치면 그 어떤 일도 능히 해낼 수 있고 인생의 성공가도를 달릴 수 있다. 뛰어난 머리로 공부도 잘하고 사회적으로 성공도 했다면 그것만으로도 훌륭한 것임에는 틀림이 없다.

그러나 자기의 머리와 힘만 믿고 교만하여 사람알기를 외면하고 자기 밖에 모르는 이기주의자가 된다면 그것은 결코 성공한 교육, 성공한 삶이 아니다. 인간의 삶에 있어서 나 혼자 이루어지는 성공은 없다. 내가 돈을 많이 벌고 성공했다면 사람과 사람의 관계에서 내가 아닌 누군가가 나를 도왔고 내가 성공하도록 신뢰를 주었기 때문이다.

나를 도운 '누군가'가 바로 1등이 아닌 아마도 열등의 다수일 수 있다고 생각해본 적이 있는가. 열등의 다수가 있었기에 바로 1등인 내가 존재할 수 있게 된 일인지 모를 일이다. 이렇게 생각해본다면 1등을 해서 교만하고 자만에 빠지면 안 된다. 더욱 중요한 것은 1등이 아닌 다수의 열등을 무시하지 않고 업신여기지 않으며 이해하고 배려하는 자세일 것이다. 그렇게만 된다면 1등다운 사람으로서 인간관계가 원만하고 인문정신에 위배될 것이 없는 매우 성공한 인생을 사는 훌륭한 사람일 게다.

이렇듯 교육의 목적은 '인문정신' 배양에 있음을 부정할 수가 없다. 인문정신은 내가 다른 사람들과 함께 세상을 살아감에 있어 난관을 극복하는 지혜와 통찰의 힘이다. 인문(人文)에 사전적 의미는 '인류의 문화'를 통칭하는 의미이다. 그렇다면 인류의 문화란 과연 무엇을 의미하는가? 그것은 '인간의 삶' 그 자체에 대한 의미라고 정의할 수 있다. 인간 내면의 본질성과 인간이 이룩한 문명성의 결합이 인문학이다. 그 결합이 어떠한 조화를 이루고 어떻게 진보하느냐에 따라서 문명·문화의 창달이 이루어진다.

문명·문화의 창달은 사람과 사람이 협력하여 조화를 이루고 결과물을 만들어내는 과정이다. 결국 인문정신이란? 사람 사는 세상에 나와 사람들의 관계설정에서 시작되는 일이다. 따라서 나도 이롭고 다른 사람도 이로운 학문적 이론이나 사회적, 물직적 발전을 이루는 요소들이 모두 인문정신의 범주에서 생성되어지는 것이라 할 수 있다.

이러한 인문정신에 근거해서 이루어지는 인문은 사람과 사람과의 만남에서 시작된다. 인간의 삶은 만남이다. 내가 이 낯선 세상에 태어나서 이루어지는 그 첫 번째의 만남은 나를 낳아준 부모와의 만남이다. 두 번째는 가족과의 만남이다. 세 번째는 세상과의 만남이다. 세 번째 세상과의 만남에서는 타인과의 만남뿐만이 아니라 세상 만물과의 만남이 함께 이루어진다.

이렇게 첫 번째 부모와의 만남에서 세 번째 세상과의 만남까지 이루어지는 모든 과정이 인간에 삶이고 이 삶이 모두 인문정신의 기초한 것이다. 그런 만남들이 사람을 키우고 사람을 알게 하고 사람을 사람답게 만든다. 따라서 사람을 사람답게 만드는 학문의 이론이 인문학에서 말하는 문사철(文史哲)의 이론이다.

중용 제1장의 첫머리의 말씀이다. '천명지위성, 솔성지위도, 수도지위교(天命之謂性, 率性之謂道, 修道之謂教)' 이 말씀의 직역은 '하늘로부터 받은 생명이 성(性)이고, 그 성(性)에 따라 살아가는 것이 사람의 길(道)이고, 그 길(道)에 부합하도록 가르치는 것을 교(教)라 한다.'라는 말씀이다.

여기에서 도(道)는 인간의 삶 그 자체를 의미하는 것으로서 사람이 사람답게 행할 수 있는 밀접한 관계이다. 또 사람으로서 마땅히 행해야 하는 이치이다. 이에 송대의 유학자 주희(朱熹)[2]는 "도는 일상생활에서 마땅히 행해야 할 도리이고

---

2) 주희(朱熹)- 중국 남송(南宋) 때의 유학자(1130~1200). 주자학(朱子學)의 창시자이며 오경(伍經)보다 사서(四書)인《논어》,《맹자》,《대학》,《중용》을 더 중시하였다. 그의 학문은 중국뿐만이 아니라 우리나라와 일본에까지 큰 영향을 미친 학자이다.

이는 성(性) 속에 있는 덕(德=理致)으로 심(心)에 갖추어져 있는 것(日用事物當行之理, 皆性之德而具於心)[3]"이라 하였다. 이것은 즉 한마디로 '인간다움'이다. 그렇다면 인간답지 못한 삶은 도(道)라 할 수가 없을 것이다. 따라서 인간답게 살 삶의 근본적 가치와 목적은 교육에 있다. 모든 사람은 도(道)에 부합하도록 살아야하고 그렇게 살기 위해서는 인문정신에 부합된 교육이어야 한다는 의미이다.

아이들의 교육에 대하여 서양속담에서는 "매를 아끼면 아이를 버린다.(Spare thee rod and spoil the child.)"[4]는 속담이 있다. 또 "훌륭한 어머니는 백 명의 선생과 맞먹는다.(One good mother is worth a hundred school teachers.)"라고도 했다. 이것을 보면 채벌이 나쁘다거나 하지 말라는 것은 아니다. 또 우리 사회에 훌륭한 선생님들이 얼마나 많은가. 마치 훌륭한 선생님들은 하나도 없고 진보성향에 과격한 선생님들만 있는 것 같이 인식하고 우려하는 교육풍토의 현실이 매우 안타깝다. 또 진보성향에 선생님은 모두 과격한 것으로 보이게 하는 일종에 포퓰리즘적[5] 시각화와 인식의 행태도 매우 잘못된 부조화의 편견과 단편적 사고이다. 어느 시대이건 훌륭한 선생님도 있고 일부 자질이 떨어지는 부적합한 교사도 더러는 있게 마련이다. 그것은 교육을 관리하고 운용하는 주체가 참교육의 철학을 가지고 철저한

---

3) 김충열,「김충열교수의 중용대학강의」, 예문서원, 2007, p.121 참고인용.

4) 이동진 편저,「동서양의 고사성어」, 해누리, 2005, p. 186, 참고인용.

5) 포퓰리즘(populism)- 일반 대중의 인기에 영합하는 정치행태로서 대중을 동원하여 권력을 유지하는 정치 체제로 대중주의(大衆主義)라고도 하며 엘리트주의와 상대되는 개념이다.

제도적 관리시스템으로서 사전예방과 문제들을 해결해가면 될 일들이다.

동서양 어느 나라를 막론하고 자녀교육문제에 관한한 100%에 완전한 교육을 이룰 수는 없다. 교육에 본질과 방향은 거의 비슷하다. 다만 교육에 그 성패는 합리적인 운용규칙과 조화에 달려 있다. 일등만을 위한 기술적 교육은 지양되고 사람의 관계에서 사람을 이해하고 배려하는 인문학적교육에 더 큰 철학적 가치와 관심을 두어야 하리라.

큰 인물은 늦게 이루어진다.

대기만성 (大器晩成)

큰 그릇을 만드는 데는 많은 시간이 걸리는 것처럼 큰 인물이 되는데도 긴 시간이 필요하다. 그런데 우린 시간의 흐름에 발맞추지 못하고 이에 역행하는 일이 너무 많다. 그것은 참을성 없는 조급함 때문이다.

중용 제2장 원문의 말씀이다. '중니왈, 군자중용, 소인반중용(仲尼曰, 君子中庸, 小人反中庸). 군자지중용야, 군자이시중, 소인지(반)중용야, 소인이무기탄야(君子之中庸也, 君子而時中, 小人之(反)中庸也, 小人而無忌憚也).' 이 말씀은 '공자께서 말씀하시기를 군자는 중용을 지키고, 소인은 중용을 못 지킨다. 군자가 중용을 지킴은 군자는 알맞은 때를 가려 일을 하고 견지하기 때문이며 소인이 중용을 지키지 못함은 소인은 일을 함에 있어 거리낌 없이 자기 생각대로 하기 때문이다.'라는 말씀이다.

군자가 알맞은 때를 가리는 과정은 알맞은 때와 조건이 충족되기를 기다리는 대기의 한 과정이다. 즉 크게 인생의 목표를 이루기 위해서는 충분한 자질과 조건들을 하나하나 갖추어나가야 한다. 그 과정에서 참을성을 갖고 인내할 줄 알아야 하며 소인처럼 멋대로 경거망동해서는 뜻을 이루지 못한다는 말씀이다.

대기는 큰 그릇이다. 만성은 늦게 이룸이다. 큰 그릇을 빚는데 참을성 없이 조급함으로 어찌 입신양명의 뜻을 이룰 수 있겠는가. 중용에서 중(中)은 발현되지 않고 있는 기다림 즉 대기의 상태이다. 그러다 때가 되면 대기의 상태를 벗어나 발현하게 되는데 그 때가 시중(時中)이다. 시중은 가장 적합한 알맞은 때를 가르치는 말이다. 그것은 '가장 알맞은 때에 알맞게'라는 말이다.

가장 알맞은 때에 꽃이 피게 하기 위해서는 꽃봉오리를 만드는 대기과정이 필요하다. 충분한 자양분을 만들고 외부적 환경의 충족을 기다리는 것이다. 그렇게 숙성의 과정을 이룰 때 아름다운 빛을 만들고 훌륭한 향기를 품을 수 있다.

사람도 이 숙성의 과정을 통해서 삶의 꽃을 활짝 피우기 위한 자질과 요건을 갖추고 비로소 시중의 맞추어 성공의 문을 두드리고 서서히 중화(中和)를 위한 발현에 꽃잎을 피우기 시작하는데 이것이 화(和)이다. 화는 함께 어우러짐이다. 이것은 사람이 사는 세상에서 통용되는 일상의 도리(道理)이다. 이 도리가 어우러져서 인간의 삶에 질을 향상시키고 행복을 이루게 되는데 이것이 중화에 이르는 과정이다.

이처럼 중화에 이르는 과정이 험난하고 긴데 때를 가리지 않고 거리낌 없이 행동하여 일을 그르치는 것은 소인지우(小人之愚)와 같은 것이 아닐까?

남들보다 앞서서 일찍 출세하는데 싫은 사람이 어디 있고 또 무엇이 문제가 될 수 있으랴. 물론 각자의 노력 여하에 따라 충분히 가능한 일이지만 누구에게나 노력했다고 해서 그런 출세의 행운이 반드시 뒤따른다는 보장이 되는 것도 아니다. 어차피 그런 행운은 많은 사람들 가운데 특별히 주어지는 일이고 특별한 일이등인 일부에게만 주어지는 하늘의 선물이다.

그렇듯이 입신양명이나 출세는 모든 사람이 똑 같이 향유할 수 있는 기회의 선물이 될 수는 없다. 다만 주어진 여건과 각자의 노력여하에 따라서 자질을 갖추고 준비가 되어 있는 사람들에게만 기회를 준다. 때문에 조금은 일찍 출세하는 사람도 있고 좀 늦게 출세하는 사람도 있게 마련이다. 그러나 일찍 출세한다고 해서 반드시 좋은 것만도 아니다. 반면에 늦게 출세했다고 해서 불만 가질 일도 아니다. 만년에 늦게라도 '대기만성'해서 큰 인물이 되었다면 그 얼마나 큰 가문에 영광이요 개인의 영달인가.

그러나 하는 일도, 별다른 재능도 없이 빈둥거리기만 하면서 자기가 큰 인물이 될 것처럼 '대기만성'이라고 허송세월만 하는 사람이 있다면 이것 또한 무지와 태만이다. 노력하지 않고 얻으려는 것은 결코 이룰 수 없는 헛된 꿈일 뿐이다.

'대기만성'이란 묵묵히 한눈팔지 않고 평소대로 노력하는 것이다. 그렇게 목표를 가지고 끈기와 인내로 묵묵히 가다보면 좀 시간은 더 걸릴지 모르지만 언젠가는 목표에 도달하게 된다. 옛 말씀에 '행자상지 위자상성(行者常至 爲者常成)'이란 말씀이 바로 이것이다. '멈추지 않고 길을 가는 사람에게는 늘 다다르는 곳이 있고, 쉬지 않고 일하는 사람에게는 늘 이루어짐이 있다.'[1] 라는 말씀이다.

그러나 한눈팔지 않고 묵묵히 앞만 보고 노력한다는 것은 그리 쉬운 것만은 아니다. 그렇다. 그것이 쉬운 일이라면 누구나 묵묵히 노력해서 대기만성하면 될 일이고 그렇게만 된다면 그 얼마나 좋을까만 사실은 그렇지 않다. 여기엔 많은 난관과 유혹 또는 함정이 호시탐탐 기다리고 있다. 엄청난 인내와 고통이 담보되어야 한다. 그것을 이겨내려면 자기 자신과의 피나는 싸움을 해야 하는 것이고 그 지루한 시간과의 싸움에서 반드시 승리하려면 지혜로움과 지략과 전략이 수반되어야 한다.

그것은 자기 자신의 체력과 인내의 안배다. 자기에게 맞는 체력소모의 균형과 조화로써 중심을 잃지 말아야한다. 아무리 무쇠 같은 체력일지라도 결코 죽지 않는 무적의 시간과 대적하려면 욱하는 감정과 솟구치는 조급함을 버리고 시간처럼 자기 페이스를 찾아 천천히, 천천히 가야만 오래오래 갈 수 있다. 그 지루한 시간을 결코 포기하지 않고 동행하는 자만이 자신의 노력에 결과로서 '대기만성'할 수가 있다.

삼국시대 때의 이야기다. 위(魏)나라에 최염(崔琰)이라는 유명한 장군이 있었는데 그는 풍채가 좋고 기품이 있어서 무

1) 김충열,「김충열 교수의 중용대학강의」, 예문서원, 2007, p. 5, 참고인용.

제의 두터운 신임을 받았다한다. 그러나 그의 사촌동생 최림(崔林)은 외모가 변변치 못해 출세도 하지 못하고 친척들에게도 매우 업신여김을 받기가 일쑤였다. 그러나 최염은 사촌동생 최림의 뛰어난 재능과 됨됨이를 알아보고 그를 아끼며 도와주었다. 그는 늘 최림에게 인내를 북돋아주고 용기와 희망의 찬사를 보내며 "커다란 종이나 가마솥은 쉽사리 만들어지는 게 아니다."라고 조언하고 "큰 인물도 그와 마찬가지로 너도 그처럼 대기만성 할 수 있는 형이야. 언젠가는 꼭 큰 인물이 될 것이네."라고 말해 주었다한다.

그의 말처럼 마침내 최림은 뒷날에 천자(天子)를 보필하는 삼공(三公)의 자리에 오르게 되었다는 이야기다. 최염의 훌륭한 격려와 조언이 마침내 최림이 대기만성 하는데 일조를 했겠지만 무엇보다도 중요한 것은 본인의 끈기 있고 묵묵한 인내와 노력이 없이는 결코 이룰 수 없었던 결과였다고 할 수 있다.

이와 관련한 서양속담을 살펴보자. "늦게 익는 과일이 오래 견딘다.(Late fruits keep well.", "로마는 하루아침에 만들어지지 않았다.(Rome was not built in a day.", "천천히 끊임없이 가는 자가 이긴다.(Slow and steady wins the race.)", "숲은 한 계절에 만들어지지 않는다.(A forest is not made in a season.)"[2] 라고 했다. 이와 같이 앞에 말들은 모두가 하나 같이 시간의 흐름과 그 과정에서 때가 되어 시중이 발현 될 수 있는 기다림에 대한 말들이다.

---

2) 이동진 편저,「동서양의 고사성어」, 해누리, 2005, p. 46, 참고인용.

우리 인간의 삶에서 시간을 빼어버릴 수 있을까? 이 지구상에 시간과 더불어 하지 않는 생명이 있는가? 즉, 시간 속에 내가 있고 나의 가슴 속에 심장이 시간과 함께 뛰고 있다. 그러한 시간과 내가 진정 하나를 이루지 못하면 삶의 수레바퀴에서는 삐걱거리는 소리가 날 수밖에 없다. 늦게 익는 과일은 아무도 건드리지를 않는다. 사람은 물론 하늘을 나는 새도, 땅에 있는 짐승들도 마찬가지다.

때를 기다려야 맛이 들고 잘 익어간다. 과일이 크고 당도를 높이려면 하루해 가지고는 불가능하다. 때문에 무르익어가는 동안에는 비바람 태풍에도 손 놓지 않고 인내를 갖고 끝가지 나뭇가지를 붙들고 오래오래 매달려 있어야한다. 그래야 훌륭한 열매로 익어갈 수가 있다.

우린 무슨 일을 계획하고 꾸밀 때 가끔은 크고 작은 시행착오를 겪는다. 그 때마다 우린 실패와 절망의 고난 속에서도 다시 목표를 이루기 위해 돈키호테의 저자 세르반테스가 한 말 '로마는 하루아침에 만들어지지 않았다.'라는 명언을 상기하면서 굳은 희망을 다지게 된다. 이는 재 전진을 위한 각오와 위로의 다짐이다.

고대 역사에서 로마 문명을 거론하지 않고는 말이 되지 않는다. 로마는 작은 도시에서 시작하여 이탈리아 반도 그리고 지중해 전체를 지배했던 고대 서양 최대의 제국이었다. 로마는 정치 · 경제 · 군사적으로 고대 서구사회를 지배했던 화려한 역사의 주인공이다. 로마는 가톨릭교회의 정신적 · 물질적 중심지로서 영원히 지워지지 않을 발자취를 간직하고 있다.

인류의 예술 및 지성사에 커다란 금자탑을 쌓아올린 화려한 인류문명의 도시였다.

현재 이탈리아 공화국의 수도인 로마는 1,000년 이상 유럽의 모든 문명에 결정적인 영향을 주었다. 중세 말기에 이르러 제국의 영토 축소, 경제의 마비, 정치 · 군사의 무력 등으로 인해 세계를 지배하는 초 강대 세력으로서의 힘을 잃었지만 입법 · 교육 · 건축 분야에 독보적인 문명의 도시를 건설함으로써 전 유럽에 눈부신 문명의 빛을 발했다. 또 6세기~15세기 교황들의 입지가 위태위태했음에도 불구하고 로마는 전세계에 그리스도교를 확산시킨 종교의 메카로서 영광을 누렸고 다시 부와 국력을 되찾아 아름다운 지혜의 문화예술에 세계적도시가 되었다. 이렇게 로마가 대제국이 되기까지는 수많은 노력과 인내의 시간이 걸렸음을 보여주고 있는 것이다.

그렇다. 이렇게 화려하고 아름다운 문화와 문명의 건설이 하루아침에 이루지지 않았음은 당연한 논리이다. 그처럼 로마대제국은 '천천히 흐르는 시간'과 '균형과 조화'[3]의 중심에서 중심을 잃지 않고 진정 하나가 되었기 때문에 오늘날 전세계인들에 입에서 끝없이 회자되고 있는 것이다. 로마는 참으로 부러워하지 않을 수 없는 도시이다.

은행나무는 다른 수종에 비해 성장속도가 늦다. 하지만 천

---

3) 균형과 조화(均衡과 調和)- 어느 한쪽으로 기울거나 치우치지 아니 하고 고른 상태이다. 그것은 동심을 태우고 오르내리는 시소와 같다. 그것은 저울대가 가장 알맞은 상태에 놓여 있을 때의 평일(平一)한 상태이다. 우주의 가장 건전한 운행은 형평이요, 가장 충실한 생성은 조화이다. 김충열,「김충열 교수의 중용대학강의」,예문서원, 2007, pp,107, 112 참고인용.

천히 자라는 만큼 평균수명은 이천 년이 넘고 고생대부터 이어져 온 생명력으로 나무들 중엔 살아있는 화석으로 불리기도 한다. 조금 느리다고 걱정할 필요가 없다.

우리 전래동화에 나오는 '토끼와 거북이'를 보자. 느린 것이 빠른 것을 따라잡고 이기지 않았는가. 인내와 끈기다. 거북이처럼 묵묵히 앞만 보고 내 목표를 향해서 가다보면 언젠가는 그 목표에 도달한다. 그런데 이제는 시대가 변해서 뒤처지면 따라잡을 수 없다. 그래서 남보다 한발자국이라도 먼저 더 멀리 앞으로 나가지 않으면 위기의식을 느끼고 큰일이 난다.

그러나 우리 인생의 목표는 '누가 얼마나 목표에 빨리 도착하느냐가 아니다. 누가 얼마나 멀리 오래오래 가느냐.'가 우리의 삶에 궁극적 목표라고 해야 하는 것이 옳다. 누구든 목적지에 빨리 도달하면 빨리 도달하는 것만큼 시간의 흐름에 방해를 했거나 역행한 것이기 때문에 시간의 속도와 자신을 일치시키는 데는 실패한 것이다. 자신의 체력소모 안배에도 실패한 것이다.

일시적으로 1단계 목표는 달성을 했을지는 모르지만 2단계, 3단계 레이스에서도 안정적으로 체력을 유지하고 1단계처럼 승리를 보장할 수는 없다. 또 1단계, 2단계, 3단계 목표에 올랐다 하더라도 빨리 오른 것만큼은 빨리 내려와야 하는 것이 세상의 이치이다. 그러니 오를 때의 마음과 내려갈 때의 마음이 반비례하는 것도 어쩔 수 없는 시간의 룰이다. 어쨌든 우리 인생의 목표는 어떤 길로 어떻게 달려가든 간에 반드시 그 목표는 빨리 오르고 빨리 도착하는 것이 아니라 오래오래 멀리 가는 것이 궁극적 목표가 되어야 한다. 그것이 우리 인간의 삶에 궁극적 미래요, 희망이요, 행복이다. '대기만성'이란 바로 이런 것이 아닐까?

미생의 약속과 신의

미생지신(尾生之信)

언젠가 우리 정치권에서도 세종시 수정안을 놓고 여당 당 대표와 전 대표 간에 이른바 '미생지신'의 첨예한 논란과 해석으로 논쟁이 벌어졌었던 때가 있었다. 그렇게 설왕설래하다 결국 대결에 끝은 용두사미처럼 끝나고 말았다.

이른바 '미생지신'이란? 중국 고사로 춘추시대 노(魯)나라에 '미생'이라는 사람이 사랑하는 여자와 다리 아래에서 만나기로 약속을 했다가 사랑하는 여인이 오지 않아 끝내 변고를 당했다는 얘기다. 미생은 그 약속을 지키기 위해 갔고 때마침 소나기가 쏟아져 다리 아래는 물이 불어나기 시작했으나 미생은 그 약속의 자리를 떠나지 않고 꿋꿋이 지키다 결국은 그 아까운 목숨을 잃었다는 데서 유래가 되었다.

그 후에 사회생활이나 조직문화에서 '고지식해 융통성이 없음'을 가리키는 말로 후세에 쓰였다. 그러나 전국시대의 유명한 전략가 소진(蘇秦)은 미생의 행동은 '대단한 신의(信

義)를 지닌 인물'이라고 높이 평가하고 신의의 중요성을 여러 사람에게 강조했다는 얘기다.

그럼 과연 '약속'은 무엇이고 '신의'는 무엇인가? 우리의 일상 속에서 수없이 생겨나고 지워지기를 반복하는 것이 약속이다. 그것은 하루하루 세끼 밥 먹는 것과 같다. 사람의 모든 활동과 행동의 시작은 약속으로부터 시작된다고 해도 과언이 아니다. 그것은 오늘날 현대사회에서도 온갖 정보교환의 시발이기도 하다. 누구를 만나는 일은 물론 어디를 가고 오는 일도 그렇고, 무엇을 주고받는 일도 그렇고, 무엇을 하는 일도 그렇고, 어떤 일에 어떤 결과를 이끌고 만들어가는 것도 그렇다. 그것은 나 혼자 살아가는 것이 아니고 그들과 더불어 내가 함께 살아간다는 반증이기도 하다.

이처럼 누구나 약속에 대한 기억이 있게 마련이다. 내가 못 지킨 약속이나 상대가 못 지킨 약속이나 그 모두를 막론하고 약속에 대한 기쁨과 잊지 못할 슬픔도 있다. '미생지신'에서 미생의 믿음대로 그 약속의 주인공이 약속을 지켜주었다면 미생은 절대 죽을 일이 없었다.

결과론적으로 보면 미생의 믿음이 그런 것인 줄 모른 여인이 그 약속을 지키지 않아 미생의 믿음을 저버리고 미생을 죽게 한 것은 원인적으로 보면 미생의 잘못이 아니다. 미생의 죽음과 그 책임엔 그 약속을 지키지 않은 여자의 잘못이 크지 않는가? 그런데 세상은 죽음을 무릅쓰고 약속을 성실히 지킨 미생에 대해서만 '잘 했네, 못 했네, 유통성이 없네, 고지식하네.'라고 갑론을박이다.

정작 약속을 지키지 않은 자에 대해선 일언반구도 없다. 어떻게 보면 적반하장 격이다. 약속을 못 지킨 쪽이 미안해하고 책임을 지는 것이 아니라 마치 약속을 성실히 잘 지킨 쪽이 미안해하고 책임을 져야한다는 논리라면 이것은 논리의 비약이고 모순이다.

오래전 내 친구 하나가 약속을 하면 5분도 기다리지 않고 가버리는 친구가 있어서 가끔 약속의 혼선을 빚었던 때가 있었다. 그런데 그런 사람들이 우리 주위에 흔히 있다. 아마 그런 사람들은 상대가 반드시 올 것이라는 믿음과 확신이 부족해서거나 자기처럼 일찍 5분전에 미리 나와서 상대를 배려하지 않는다고 생각해 불만의 표시로 가버리는 것일 수도 있다. 이것은 전자나 후자나 약속에 대한 가치기준이 다르기 때문이다.

미생에 대해서 고지식하고 융통성이 왜 없냐고 나무랄 수 있는 사람은 그 약속의 당사자만이 가능한 일이라고 본다. 그것은 늦게라도 와서 약속을 지킬 수 있는 사람의 입장에서 자신으로 말미암아 상대를 위험에 빠트린 것을 후회하고 자책하는 미안한 마음을 담아 할 수 있는 말이어야 한다. 그것이 진정한 약속과 신의에 의미일 때 실로 값진 가치일 것이다.

그렇듯 당사자가 아닌 입장에서는 약속의 가치를 정확히 가늠하기가 어렵기 때문이다. 그런데 약속을 지키지 않은 입장에서 이러쿵저러쿵 상대에게 책임을 전가하는 것은 자기변명이요, 자기 합리화에 지나지 않는 것이다.

우린 일상에서 내가 약속을 성실히 안 지킴으로 인해서 상대가 손해를 보거나 곤경에 처할 수도 있다는 것을 우린 인식해야 한다. 그것이 상대에 대한 배려고 성의다.

그러나 현대인들은 매우 다양하고 복잡한 일상과 세상 속에서 살아간다. 그러다보니 예상치 못한 돌발적 변수도 있다. 또 어쩔 수 없는 불가항력적인 일이 생길수도 있는 것이 바로 오늘날 우리의 현실이다. 그러나 현대사회에서의 약속 불이행은 어쩔 수 없어서 못 지키는 경우보다도 약삭빠른 이해타산의 결과로 나타날 때가 더 많다. 쉽게 말해서 약속을 지키는 것이 이익이냐 아니면 안 지키는 것이 이익이냐를 먼저 따져서 계산하기 때문에 약속의 의미가 경시되고 있다.

그러니까 약속의 가치가 이익이 되느냐 손해가 되느냐에 따라서 약속에 성패가 엇갈린다고 보아야 할 것이다. 이것은 비즈니스 관계에서 뿐만이 아니라 남녀 사랑의 관계에서도 마찬가지고 우정의 관계에서도 모두 마찬가지다. 나에게 이익이 되는 약속만이 약속의 의미가 있다고 믿는 에고이즘이 팽배한 사회현실에 문제가 있다.

때문에 우린 한쪽만을 보는 사고에서 벗어나야 한다. 좌우를 봄으로써 그 문제의 중심[1]을 볼 수 있다. 그것이 이 시대를 사는 현대인들에게 필요한 '중용'의 학문적 가치의식과 정신이다. 그것이 우리의 일상에서 실천하는 철학의 중용적 자

---

1) 중심(中心)- 좌우, 상하를 잇고 아우르는 부분. 광범위한 인간관계의 질서와 회통에 대한 중요성과 조화와 균형의 기준점이 되는 것으로서 첫째는 자신의 도덕인격을 확립해야 하고, 둘째는 사람과 사람사이의 원만한 소통이고, 셋째는 천지만물과 함께 동참하여 조화와 균형으로 중화(中和)를 이루어내야 하는 것. 김충열,「김충열 교수의 중용대학강의」, 예문서원, 2007, pp.123~124 참고인용.

세라 할 수 있다.

요즘 시대에 '미생지신'의 의식과 정신으로 사는 사람이 전혀 없다고는 할 수는 없으나 그 숫자는 많지 않으리라 미루어 짐작케 한다. 그러나 그 숫자가 많지 않다 해서 신의 자체를 부정하거나 폄하해서는 안 된다.

신의는 우리사회의 희망이다. 신의가 없는 사회에서는 미래의 희망도 없다. 혹자들은 미생의 행동과 태도에 융통성도 없고 무가치한 일에 쓸데없이 목숨을 건 우매한 사람으로 비난할 수 도 있겠다. 그러나 이 시대는 인간의 삶에 가치가 문명과 문화의 다원화와 다양성 속에서 그 삶의 가치관에 크기나 색깔도 급격하게 변화했다.

미생의 행동이 옳았느냐 옳지 않았느냐는 답이 아니다. 백색이었느냐, 흑색이었느냐 주장하는 것은 마치 무의미한 이분법적 논리와 같다. 우리가 사물을 볼 때 앞면과 뒷면만 있는 것도 아니고 위아래만 있는 것도 아니다. 색깔도 마찬가지다. 우리가 흑백 밖에 구별 못하고 다양한 색을 볼 수 없다면 우린 색맹의 눈과 마음으로 색맹의 시대를 사는 아주 불행한 처지인 것이다.

또한 우리가 매일 먹는 음식의 맛도 그렇다. 단맛과 쓴맛만 있는 것도 아니고 그 다양한 음식의 맛을 느끼며 맛을 즐기는 문화다. 그런데 인간이 지닌 개개인의 품성과 개성이 다르고 추구하는 삶의 가치관도 매우 다양하다. 그렇듯이 이제 우리 인간은 매우 발달된 다양성의 조건과 공간 속에서 다양화 된 삶의 가치관을 강하게 추구하고 있는 것이다.

이러한 여러 가지의 가치관이 생겨나고 충돌하는 현실에서 우린 한쪽만을 본다든가, 또 다른 방향에 대하여 보지 않으려 외면하는 것은 스스로 소통과 조화를 거부하는 부조화의 자세다. 부조화의 장벽을 쌓는 행위다.

이제는 보이는 면만 보아서도 안 되고 보이지 않는 속까지 보아도 소통과 조화를 이루기 어려운 시대에 살고 있기 때문이다. 또한 어렵다고 해서 소통과 조화를 이루어내는 일에 장벽만 높게 드리우고 다양한 세상과의 소통과 조화를 단절할 것인가. 그렇다면 그것은 미래가 아니다.

인류사회의 미래란? '끝없는 변화의 얼굴에 미소를 만들어내는 일'이다. 미소가 없다는 것은 조화를 이루지 못하는 것이고 소통을 못하는 것이다. 소통이 이루어지지 않으면 숨이 막히고 질식하게 되는 것이다. 그렇게 되면 우리의 몸과 같은 세상은 서서히 온기를 잃고 사경을 헤매는 꼴이 되리라.

어쨌든 우리가 살아가야 할 인류사회의 미래는 다양한 가치관이 충돌하고 어우러지는 소용돌이 속에서 팽이 같이 균형과 중심을 잡고 형형색색의 조화를 이루어내야 하는 과제가 있다. 그 과제를 잘 합리적으로 잘 풀어내어 시원하게 숨쉴 수 있는 세상이 미래의 우리인류사회이다. 그것이 '중용'[2]에서 말하는 조화와 균형의 인본주의적 사상과 철학의 원

---

2) '중용은 인간의 삶에 조화와 균형을 이루는 인간중심사상(人間中心思想)이고 실천적 학문'이다. 나를 먼저 알고 나의 중심을 이루어가는 진리의 학문이 바로 '중용'이다. 내가 중심을 잡으면 내 가정이 행복하고, 내 가정의 중심이 잡히면 우리사회가 중심이 잡히고 우리사회의 중심은 우리의 상생과 번영을 이룬다. 김충열,「김충열 교수의 중용대학강의」, 예문서원, 2007, p.58~59 참고인용. 중용

리다.

그러나 우리 인간에겐 불완전 요소가 너무 많다. 그 어떤 제도와 규율로도 통제되지 않는 것이 우리 인간의 '마음'이다. 그 마음속에 소위 불가에서 말하는 삼라만상이 자리 잡고 있다. 그것을 잘 다스리면 지혜로운 마음이요, 잘못 다스리면 어리석음이 되는 것이다.

인간의 어리석음을 일깨우는 서양속담을 살펴보자. "어리석음은 물을 주지 않아도 잘 자란다.(Folly grows without watering.)", "어리석음은 가장 고치기 어려운 병이다.(Folly is the most incurable of diseases.)", "신용은 황금보다 더 낫다.(Credit is better than gold.)", "신용을 잃은 자는 세상에서 죽은 자다.(He that has lost his credit is dead to the world.)"[3)]

이 세상은 물을 주지 않아도 잘 자랄 만큼 어리석음의 늪과 덫이 너무 많은 세상이다. 사람 사는 이세상은 지구촌 어디를 가나 똑같다. 어리석은 사람과 지혜로운 사람이 항시 공생공존 하고 있다. 지혜로운 사람이 많으면 많을수록 불신보다는 신용이 많을 것이고 신용으로 다져진 사회는 세상을 밝고 행복하게 할 수가 있다.

은 '불편불의(不偏不倚)'로서 재중(在中)의 의미이다. 감정이 발산하기 이전 미발(미발)의 상태로서 치우친(偏倚)바가 없음을 말함이다. 다시 말해 불편불의는 마치 사방 어느 곳에도 치우치지 않은 것으로서 이것은 마음의 본체요, 공간(地)에 있어서는 중앙(中心)이다. 박완식,「중용」, 여강출판사, 2005, p, 348 참고인용,

3) 이동진 편저,「동서양의 고사성어」, 해누리, 2005, p, 314, 참고인용.

중용 제13장 말미에 말씀이다. ‘언고행, 행고언. 군자호불조조이!(言顧行, 行顧言. 君子胡不慥慥爾!)’이라 했다. 이 말씀은 ‘말을 할 때는 그 말을 실천할 수 있는가를 되돌아보고, 행동을 할 때는 그것이 나의 말과 일치하는가를 되돌아봐야 한다. 군자라면 어찌 이를 독실하게 행하지 않을 것인가!’라는 말씀이다.

현대 사회생활에서 말은 대부분이 곧 약속이다. 특히 비즈니스에서는 더욱 그렇다. ‘이러 이렇게 해주세요.’나 ‘그렇게 하겠습니다.’라는 말은 약속에 구체성이다. 흔히들 약속을 지키지 않는 사람들에게 ‘애당초 지키지도 못할 약속을 왜 했는가?’라고 따지거나 책망을 한다. 또 굳이 지켜야하는 약속이 아니더라도 말을 할 때는 실천을 약속한 것과 같이 하기 위해 되돌아보고 또 실수를 하지 말아야 한다는 의미이다.

그런데 요즘은 어떤 세상인가? 마치 신용은 영악스럽지 못하고, 바보스럽고, 융통성이 없는 사람의 대명사처럼 인식되어지는 사회다. 그래서 신의나 신용을 점점 경시하는 풍조가 난무하는 것은 매우 우려되는 대목이다. 그리고 한편에선 신용이 없으면 곧 죽는 세상이다. 우리의 모든 일상이 신용으로 통하고 신용으로 결론 나는 세상이다.

신용이 없으면 카드도 만들 수가 없다. 카드를 만들었어도 신용이 없으면 카드를 사용할 수가 없다. 카드란? 신용을 전제로 한 비즈니스의 수단이다. 말을 아무리 그럴싸하게 잘해도 신용의 대변인격인 카드가 신용이 없으면 그 사람은 사회생활 자체가 불가능해진다. 더 이상 현대사회에서 신용카드에 대한 중요성을 언급하는 것은 불필요한 잔소리다.

때문에 지혜로운 사람은 신용이나 신의를 목숨과 같이 소중하게 관리하는 것이다. 결국은 어리석은 자만이 신용이나 신의를 저버리게 된다. 어리석은 자가 많으면 많을수록 세상은 어지럽다. 어리석은 자는 문제의 중심을 보지 못함 때문이다. 그러므로 오히려 많은 문제를 야기한다. 많은 문제의 발생은 우리를 불행의 늪으로 빠져들게 할 뿐이다.

그렇게 되지 않게 하기 위해서는 미래문화 창달에 주역인 젊은 기성세대가 '중용적 지성과 덕성'으로 우리 사회의 중심을 바라보고 다양한 가치관들에 조화를 이루어내는 것이 미래의 인문학이요, 사회학이 나아가야할 방향이라 믿는다.

세 가지 법(살인, 상해, 절도)

법삼장(法三章)

법삼장(法三章)은 중국 한나라 때 고조가 진나라의 가혹한 법을 없애고 살인, 상해, 절도의 세 가지 죄만을 정한 법이다. 즉 '사람을 죽이는 자는 죽고, 사람을 상하게 하거나 물건을 훔친 자는 벌을 받는다.'는 내용이었다. 이것은 한(漢)나라 고조(高祖) 유방(劉邦)이 진(秦)나라를 멸망시킨 후 수도 함양에 입성했고 그 후 계속해서 함양에 머무르려고 했으나 그의 충신 장량(장량)과 번쾌(번쾌)가 그를 말렸다한다. 그것은 사치와 부패, 폭정으로 멸망하게 된 진나라의 전철을 밟지 말라는 간언이었다. 그리하여 유방은 진나라의 복잡하고 번거롭던 법과 가혹했던 모든 법률을 폐지해버리고, 살인, 상해, 절도에 대해서만 지극히 간략하게 삼장으로 제정한 법이 이른바 "법삼장"이다. 그리하여 백성들이 모두 기뻐했다는 고사이다.

물론 그 시대의 법과 지금의 법은 엄청난 차이가 있다. 법이란 시대의 변천에 따라 그 양과 질이 달라지고 변화한다. 그러나 그 근본은 아무리 세월이 흘러가고 세상이 변해도 달라지지 않는다. 바로 그 근본이 백성의 생명과 재산을 보호하는 것이기 때문이다. 그것으로서 아무리 시대가 바뀌고 흘러가도 그 본질은 불변이다.

또한 나라의 제도나 법이 많고 복잡하다고 해서 법이 잘돼있는 것도 아니다. 그리고 아무리 많은 법이 있어도 그 나라 국민의 생명과 재산을 보호하지 못하는 법은 진정한 국법이라 할 수 없는 것이다. 법은 사람을 위한 법이어야 하지 법이 법 자체를 위한 법은 오히려 국민을 고통스럽고, 불편하고, 불행하게 만들뿐이다.

법(法)이란? 그 글자를 보면 '氵'은 삼수변 혹은 물수변이라 하는데 이것을 합하면 물(水)이 흘러간다(去)는 뜻이다. 물(氵)은 높은 곳에서 점점 낮은 곳으로 흐르게 되어있다. 그것이 자연의 이치다. 그래서 물은 '윗물이 맑아야 아랫물도 맑다'는 속담도 있다. 그런데 요즘 물은 '윗물은 흐리고 아랫물은 맑다.' 또 어찌된 일인지 요즘 물은 아래서 위로도 흐른다. 즉, 그것은 세상이 거꾸로 흐르는 현상이지 않는가. 그래야 아랫물이 윗물의 흐림을 눈치 채지 못하게 하려는 데서 위로 역류토록 하는 게 아닐까? 하고 의구심이 간다.

그리고 요즘 물은 물도 아니다. 물이 흘러만 간다고 해서 다 물이 아니다. 그것은 물이 아니라 인간의 탐욕에서 흘러나오는 혼탁하고 냄새가 나는 썩은 물이다. 씻고 씻어도 닦이고 마르지 않는 인간의 탐욕이 물욕의 탈을 쓰고 흘러내리는 욕망인 것이다. 그러니 가면 갈수록 윗물은 맑을 날이 없고 가면 갈수록 윗물의 색깔은 골드(똥색)로만 짙어 가는 것은 실로 서글픈 일이 아닐 수 없다.

어쨌든 어느 시대 어느 나라건 고위층의 상당 부분은 법을 무서워하지 않고 법을 자기 손아귀에 두려 한다. 그렇게 법을 무시하고 짓밟는 행위는 힘없는 서민이나 선민들은 감히 엄두도 낼 수 없는 일이다.

법과 관련한 서양속담을 고찰해보자. "법은 많고 정의는 적다.(Much law, but little justice.)", "법이 많을수록 권리는 더욱 작아진다.(The more law, the less right.)", "모든 법은 빠져나갈 구멍이 있다.(Every law has a loophole.)", "부패한 나라일수록 법이 더욱 많다.(In a very corrupt state there are very many laws.)"[1] 와 같다.

위에 속담에서 보듯이 이렇게 '법'이란 법의 내용이 많다고 해서 좋은 것도 아니요, 복잡하다고 해서 잘 지켜지는 법도 아니다. 복잡한 법은 복잡할수록 법을 지켜가야 하는 주체인 국민이 힘들다. 힘든 만큼 국민이 행복한 것이 아니라 불편과 불행만 가중되는 결과가 된다. 그렇다면 진정으로 국민을 위한 법이라 할 수 없지 않을까.

또한 법이 복잡하고 내용이 많으면 법의 효율적 운용과 법의 적용이 모호해질 수 있다. 때문에 법은 간결할수록 좋다. 그래야 법을 지키는데도 부담스럽지 않고 법에 집행과 운용

1) 이동진 편저,「동서양의 고사성어」, 해누리, 2005, p. 358, 참고인용.

에도 효율적일 수 있기 때문이다.

헌법의 사전적 의미는 '국가의 강제력을 수반하는 사회 규범. 국가 및 공공 기관이 제정한 법률, 명령, 규칙, 조례 따위'가 법이다. 따라서 국가 통치 체제의 기초에 관한 각종 근본 법규의 총체. 모든 국가의 법의 체계적 기초로서 국가의 조직, 구성 및 작용에 관한 근본법이며 다른 법률이나 명령으로써 변경할 수 없는 한 국가의 최고 법규이다. 이처럼 자유주의 원리에 입각하여, 국민의 기본적인 인권을 보장하고 국가의 정치 기구 특히 입법 조직에 대한 참가의 형식 또는 기준을 규정한 근대 국가의 기본법이 바로 '헌법'이다.

대한민국 최고의 헌법은 '성문헌법'[2] 이다. 이 '성문헌법'은 전문 · 10장 · 부칙으로 구성되어 있다. 전문에는 헌법의 목적 및 이념과 헌법 제정 및 개정의 연혁이 들어 있다. 또한 제1장은 총강, 제2장은 국민의 권리와 의무, 제3장은 국회, 제4장은 정부, 제5장은 법원, 제6장은 헌법재판소, 제7장은 선거관리, 제8장은 지방자치, 제9장은 경제, 제10장은 헌법 개정에 관한 규정이며, 부칙 6개조에는 경과규정이 명시되어 있다.

대한민국에서 근대적인 헌법이 제정된 것은 1948년의 제헌헌법(일명 건국헌법)에서부터 비롯된다. 조선시대에는 체계화 된 형식적 의미의 헌법은 없었으며, 개화기에 들어와서 '대한민국국제(大韓民國國制)'가 제정되었으나 이는 왕의 권

2) 성문헌법(成文憲法)- 일정한 절차에 따라 문자로 표현되고 문서의 형식을 갖추어 정립한 헌법.

한만 규정한 것이었다. 1919년 상해임시정부에서 대한민국 헌법을 제정했으나, 국내에서는 효력을 발휘하지 못했다. 이후 1948년에야 국회에서 처음으로 성문헌법을 제정하게 되었다.

이 헌법은 대한민국 최초의 근대적 입헌주의헌법으로 제헌헌법(1948년 헌법)이라고 한다. 통치조직으로 대통령제를 채택했는데, 이후 거듭 개정되어왔다. 4 · 19혁명 이후에는 제2공화국 헌법(1960년 헌법)이 제정되었고 이 헌법은 의원내각제의 정부형태를 채택하고 있다. 기본권을 자연권적으로 규정했으며 국회를 민의원과 참의원의 양원제로 했다.

1961년 5 · 16군사정변에 의해 제2공화국 헌법은 실효되고 제3공화국 헌법(1962년 헌법)이 제정되었다. 이 헌법은 대통령제로 정부형태와 위헌법률심사제를 채택해 미국식 흡사한 헌법이다. 1972년 10월 유신헌법으로 제4공화국 헌법(1972년 헌법)이 제정되었다. 이 헌법은 박정희 대통령의 영구집권을 획책한 권력 집중적 · 반민주적 헌법이 되어 국민들로부터 많은 저항을 받았었다.

1979년 10 · 26사태로 박정희 대통령이 서거한 후에 제5공화국 헌법(1980년 헌법)이 제정되었다. 이 헌법은 전두환 대통령의 집권을 위한 헌법으로 대통령 간선제와 대통령제 정부형태, 단원제, 헌법위원회제도 등이 특색이었다. 또한 의원내각제적 요소가 많았으나, 실질적으로는 대통령이 권위주의적 통치란 점에서 비입헌주의적이란 비난을 많이 받았다.

1987년 국민의 저항권행사로 6 · 29선언의 결과 제6공화국 헌법(1988년 헌법)이 제정되었다. 이 헌법은 노태우 대통령의 취임과 함께 효력을 발생했다(1988. 2. 25).[3] 이처럼 대한민국헌법의 역사는 새로운 정치지도자의 출현과 더불어 변천한 역사의 아픔과 상처가 많은 법이다.

이렇게 한국은 국민의 아픔과 궤를 함께한 입헌주의의 덕분에 현재 정치, 경제, 사회, 문화 모든 분야에서 괄목할 국가발전을 이룩했고 21세기 인류의 번영과 미래가 매우 밝다. 그러나 이쯤에서 우리의 삶과 행복을 보장하고 있는 법을 비롯해서 각종 제도나, 규칙이 너무 우리의 삶을 옥죄는 것이 아닌가? 뒤돌아 봐야한다.

법의 체계가 너무 조밀하면 조밀한 것만큼 바람이나 공기의 저항도 크다. 그만치 저항력이 올라간다는 것은 행복해야 할 우리의 삶에 기본권이 오히려 법으로 인해서 침해와 방해 받게 된다. 그러므로 인해서 삶의 가치와 질 자체가 법의 본질적 체계에 부합하지 못하고 있으나마나한 법으로 허접스럽게 변질될 수도 있는 것이다.

그렇게 본다면 각종 제도나 사회규범이 지나치게 포지티브(positive)적 개념으로 제정되어 있다. 법을 집행하는 집행자의 입장에선 조밀한 규제나 통제로 법을 운용하면 편하다고 생각할지 모르지만 그것은 운용의 묘를 극대화하기가 어렵다. 따라서 운용에 효율성과 합리성을 고려할 때 상황에 따라선 네거티브(negative)적 개념의 제도와 규정이 더욱

---

3) 브리태니커, 대한민국헌법(大韓民國憲法), 대한민국 최고의 성문헌법, 인용. 이상 여부에 대한 반응 검사 따위에서 음성 반응을 이르는 말.

효과적일 수도 있다.

그렇게 함으로써 법의 중심과 본질을 더욱 공고히 하고 균형과 조화로써 좌우를 아우르는 소통의 룰이 우리 사회에 새롭게 인식되고 형성되기를 기대한다. 그렇게 해서 우리의 삶에 '중심적 가치'[4]가 더욱 확대되고 높아지면 우리가 행복하고 우리의 후손들이 더욱 행복해지지 않을까?

법에 가장 근본적 목적은 각종 범죄로부터 국민의 생명과 재산을 보호한다는 목적이다. 결국 모든 범죄의 유형을 보면 살인, 상해, 절도, 사기와 같은 범죄들이다. 그리고 이와 같은 범죄의 발생원인과 행태는 예나 지금이나 별반 다를 것이 없다. 다만 좀 달라졌다면 아주 극단적이고 흉포화하고 흉악해졌다는 것뿐 범죄의 유형은 큰 틀에서 보면 같다.

현대사회에서 법망이 조밀하고 잘되 있다고는 하나 여전히 허점은 많고 마치 법을 위한 법, 강자에게는 적용이 잘 안 되는 무용지물과 같은 법으로서 있으나마나 한 법들이 많다. 그럴진대 법이 아무리 많으면 뭐하고 법으로 보호받지 못하는 선민과 약자는 여전히 대한민국 법 밖에서 보호되지 못하고 있는 것이 현실이다.

법조항을 조밀하게 만들어서 잘 만들어진 법 같이 보이나 법을 잘 알고 있는 강자들은 실제로는 교묘한 방법으로 미꾸라지 빠져나가듯이 잘도 빠져나간다. 법은 원래 힘없는 국민

---

4) 중심(中心)- 중심이란? 치중치심(治中治心)이다. '중'은 매우 공평하여 사사로움이 없는 법치의 기준이다. '심'은 도덕논리의 핵심이다. 따라서 치우침이 없는 상태에 심이 보태진 것이 중심(中心=가운데 마음)이다.

을 위한 것이다. 힘 있는 강자들은 법이 보호해주지 않아도 잘 먹고 잘 산다. 한국의 힘 있는 모 그룹의 경우 그 회사의 사규가 나라의 법보다도 우선한다는 씁쓸한 말이 있다. 이 말이 주는 메시지의 의미는 설명이 필요 없는 말이다. 그처럼 힘이 있으면 나라의 법도 무의미하고 나라의 법에 의존할 필요성이 없다는 말로 들리는 것이다.

그렇다면 법은 운영에 문제이지 법이 많고 적음의 문제가 아님을 알 수 있다. 또 힘없고 약한 선민의 경우 강제하는 법이 없어도 절대 범법을 저지르지 않는다. 그래서 그런 사람들을 가리켜 법이 없어도 될 사람이라고 칭한다.

법을 어기는 사람은 똑똑하고, 법을 잘 알고, 힘 있는 강자들이 주로 범법을 저지른다. 그러나 법이 많아 봐야 강자들은 법망을 피해 빠져나가고 힘 없고 약한 사람들만 조밀한 그물에 갇혀 벌을 받게 된다. 그러니 정작 법을 지키고 고통 받는 계층은 역시 힘없고 약한 선민이다. 법을 위반한 범법자들은 그렇게 법 때문에 고통 받지 않고 있다. 참으로 아이러니한 현실이다.

중용 제29장 첫머리에 보면 '왕천하유삼중언, 기과과의호!(王天下有三重焉, 其寡過矣乎)'라 했다. 이 말씀은 '세상을 다스림에 있어서 세 가지 중요함이 있는데, 그것을 갖추면 과오를 줄일 수 있다.'라는 말씀이다. 세상을 다스리는 것은 국가를 통치함을 말함이다. 그것은 법을 포함한 정치지도자가 갖추어야할 덕목을 의미함이다. 그 3가지 중요함이란 무엇인가? 그것은 즉, 의례(議禮), 제도(制度), 고문(考文)을 말함이다.

이 3가지의 원칙은 바로 우리사회의 질서를 세우는 사회적 규범을 의미함이다. 그 당시 임금과 같은 정치지도자에게 이 같이 군자의 도리와 덕목을 요구한 것은 바로 모든 언행이 곧 사회의 규범이요, 법이기 때문이다. 따라서 세상을 통치하려는 임금은 백성들로부터 검증을 받아야 하고 그 검증 방법에 있어서는 삼대의 예제에 비교하고 고증하여도 착오가 없고 천지 어디에다 내어 놓아도 도리에 어긋남이 없어야 하고, 천지신명께 물어봐도 의심치 않고 백세후에 나타나는 성인도 일체 의심을 갖지 않아야 한다고 했다.

이처럼 군자가 나라를 다스리고 정치를 함에 있어서 국민에게 본이 되어야함을 강조한 대원칙인 것이다. 그러나 현대사회의 규범은 어떠한가? 정치지도자의 언행과 덕목은 어떠한가? 과연 국민에게 신뢰를 주고 있는가? 이러한 것들이 이 나라의 법이 없어서 그런가? 아니다. 법은 많다. 그러나 있으나마나한 법들과 법에 운용을 잘못하기 때문이며 법 앞에서도 전혀 법을 두려워하지 않는 강자들에 잘못된 의식과 도덕 불감증 때문이다.

그렇듯이 법이 많고 적음에 문제가 아니고 얼마나 합리적인 기준과 원칙하에 법의 운용에 묘를 살리느냐에 따라서 국민의 행복지수가 오를 것이라는 생각이다. 법삼장(法三章)처럼 살인, 상해, 절도 같은 범죄만이라도 없는 세상을 함께 꿈꾸어보면 어떨까?

엎질러진 물은 다시 주워 담을 수 없다.

복수불반분(覆水不返盆)

'복수불반분(覆水不返盆)'이란? 한번 엎질러진 물은 다시 물동이에 주워 담을 수 없다는 말이다. 사서 기록에 따르면 강태공이 초년시절 매우 가난했음으로 그의 부인 마(馬)씨가 그만 친정으로 달아났다고 전해진다. 그 후 60세가 되었을 때 위수(渭水)에서 우연히 낚시질을 하다가 주나라의 시조 무왕(武王)의 아버지 서백(西, 文王)을 만나게 되고 그것을 인연으로 결국 수상의 자리에 오르고 훗날 제나라의 제후가 되었다.

본명은 여상(呂尙)이다. 태공망이라는 별칭은 주나라 문왕(文王)이 위수(渭水)에서 낚시질을 하고 있던 여상을 만나 선군(先君)인 태공(太公)이 오랫동안 바라던 어진 인물이라고 여긴 데서 유래되었다고 한다. 강태공이 제후가 되자 가난했던 시절 친정으로 도망간 아내 마(馬)씨 부인이 찾아와서 받아주기를 간절히 청하였는데 그러나 강태공은 그 여인에게

물 한 동이를 가져오게 한 뒤에 그 물을 다시 마당에 쏟게 했다고 한다. 그리고 다시 그 물을 물동이에 담아보라고 하였다. 당연히 그 물을 물동이에 다시 담을 수가 없었다. 이 때 강태공은 그 여인에게 "한 번 엎질러진 물은 다시 담을 수 없는 것처럼 한 번 집을 나간 부인도 다시 돌아올 수는 없는 것이라고 청을 거절했다"는 데서 유래된 이야기다.

그렇다. 그 시절엔 한 번 엎질러진 물은 다시 주어 담을 수가 없었다. 그러나 요즘엔 그렇지 않다. 얼마든지 다시 주어 담을 수가 있다. 다시 주어 담지 못하면 물이 든 동이를 통째로 바꿔버리거나 사버리면 될 일이다. 그것이 현대사회의 '복수불반분(覆水不返盆)'이 아닌 '복수유반분(覆水有返盆)의 방식이다.

이것이 현대사회에서의 새롭게 변화된 가치기준이다. 참으로 세상은 많이 변했다. 이것이 자본주의 황금의 골짜기에서 흘러나오는 황금만능주의적 사고라고 치부할 수도 있겠다. 또한 돈만 있으면 안 되는 것이 없는 세상이기도하다.

그런데 엎어진 물쯤이야 되돌리는 것쯤은 문제도 아니라고 생각하는 시대이다. 아무 두려움 없이 변화가 생겨나고 그런 의식의 사고가 신문명의 선봉에서 유행처럼 번져간다. 어쩌면 그것이 과거 억압된 봉건적, 유교적 편향에서 벗어난 신자유주의와 신자본주의[1]의 의식에서 생성된 관념적 현상이라

---

1) 신자본주의: 실리콘칼라(silicon collar)- 기존의 화이트칼라나 블루칼라와 다르게 이분법적 사고를 지양(止揚)하고 창의적인 사고와 뛰어난 첨단기술을 바탕으로 번뜩이는 아이디어를 창출하는 21세기의 고급화된 두뇌집단의 노동자를 일컫는 용어이다. 미래학자들은 실리콘칼라의 자유로운 활동을 보장하는 조직만이 미래의 경쟁력이 될 것으로 예측하고 있다. 출처: 시사용어사전, 참고인용.

고 생각할 때 그 중심에서 균형을 잡지 못한 글로벌시대의 다양성 문화가 점점 체화의 과정을 형성하는 단계가 아닐까? 어쨌든 시대의 변천에 적절한 조화와 균형이 유지되고 미래의 방향에 중심을 잃지 않아야 인류의 미래가 보장될 것 같다.

그러나 한 번 엎어진 물동이나, 한 번 엎어진 가정이나 모두가 소중한 인간의 삶 속에서 생겨나는 일들이다. 그러니 자칫 잘못하여 물동이가 깨지거나 엎어지는 일이 없도록 해야 한다. 만일 그랬다면 그것은 어느 일방의 잘못이 아니다. 그것은 부부공동의 책임이다. 어느 한 쪽에서만 물이 엎어지도록 방관하여 가정에 균형과 중심을 잃은 것은 아니다. 가정이 기울어서 물이 엎어지지 않도록 해야 할 책임은 부부공동의 책임이요 의무이기 때문이다.

그런 점에서 친정으로 도망간 마(馬)씨 부인의 입장에서 보면 한편 이해가 되기도 한다. 오죽하면 강태공과 같이 대성할 인품의 남편을 버리고 도망을 했겠는가? 우리 속담에도 '사흘 굶으면 도적질 안할 사람 없다'고 했다. 또한'많은 설움 중에 배고픈 설움이 제일 서럽다'는 말도 있다. 배고프면 못할 일이 없고 도덕이고, 윤리고, 사랑이고 모두 다 소용없고 아무것도 눈에 보이질 안으니 우리의 가치관을 세워주고 지켜주는 이성(理性)인들 제정신일수 있으랴.

그 가난에 찌든 현실을 그 누구인들 불평불만하지 않을 수 있었겠는가? 그래도 훗날 마(馬)씨 부인은 한때 잘못 된 그것을 참회했다. 또한 창피함을 무릅쓰고 다시 돌아와 용서를 간청한 것은 그 어떤 단죄를 감수하고라도 진정으로 용서받기 위한 대단한 용기 있는 처신이기도 하다. 물론 용서를 받을 것이라는 확신도 없었다. 그럼에도 다시 돌아온 것은 본래 강태공의 아내자리로 돌아오려 했다기보다 한순간 잘못된 행동의 단죄를 청하기 위함이었을지도 모를 일이다. 그러니 어찌 아름답고 참다운 용기라 아니할 수 있으랴.

요즘 시대도 그때와 별반 다를 바 없다. 오히려 재화의 풍요로움 속에서도 현대의 사회적 윤리와 도덕은 그 기능을 잃고 크게 실종되었다. 해를 거듭할수록 늘어만 가는 이혼율은 그때처럼 못 입고, 못 먹어서가 아니라 더 잘 입고, 더 잘 먹고, 더 잘 살기 위해서란다. 또한 그 원인도 매우 다양한 각양각색의 추세다. 그것은 다원화 되고 다변화 하는 새로운 문화 속에서 추구하는 다양성과 가치관의 혼돈 때문이다.

어쨌든 가정이란? 사회집단의 기초단위다. 좁은 의미의 개념은 주로 가족이 살아가는 공간적 장소를 가리키지만, 넓은 의미의 가정은 인간관계에 초점이 주어지는 가족(family)이고, 생활과 거주 장소에 초점이 주어지는 집(house)이고, 공동의 소득에 근거한 생산 소비 활동의 단위인 가계(house hold)이고, 의식주를 비롯한 일련의 가족자원 관리활동을 모두 포함하는 개념이다.[2)]

다시 말해, 가정은 가족이 안주할 수 있는 장소를 가리키는 것이며 오직 물질적인 환경만을 의미하는 것이 아니라 가

---

2) 브리테니커, 가정(家庭), 혼인관계 및 혈연관계로 구성된 가족구성원들이 공동생활하는 장소 또는 조직체. 참고인용.

족구성원들이 건전하게 성장 · 발달할 수 있도록 기본적인 생존욕구를 충족시키고, 안식과 애정을 제공하는 보금자리이다. 가정의 핵심은 가족구성원이며 가정의 목표는 가족구성원의 행복추구의 궁극적 지향이다. 이러한 목표를 달성하기 위해서는 다양한 기능과 과업을 수행하여야 하는 것이 필수조건이다.

중용 제15장의 말씀이다. '시왈, 처자호합, 여고슬금. 형제기흡, 화락차탐. 의이실가, 낙이처노!(詩曰, 妻子好合, 如鼓瑟琴. 兄弟旣翕, 和樂且耽. 宜爾室家, 樂爾妻帑!)' 이 말씀은 '시경에 이르기를 처자식의 화목함이 마치 거문고와 비파의 조화롭고 아름다운 소리 같네. 형제들이 이미 의기투합하고 또 즐겁기만 하네. 마땅히 집안 식구들이 모여 한 가족을 이루니 늘 처자식이 즐겁네.'라는 말씀이다.

이것은 가정의 소중함을 일깨우시는 말씀이다. 그렇다면 가정에 중심을 잡아야하고 그 중심은 부부가 협력하여 잡아야한다. 이처럼 가정의 기능은 역사적 문화적 배경에 따라 다르지만 보편적으로 제기되는 기능은 크게 가족구성원들을 위한 가정 내 기능과 사회적인 기능으로 구분된다.

가정 내 기능으로는 성(性)과 생식, 양육 및 교육, 보호, 휴식, 생산과 소비, 오락, 종교와 같이 다양한 기능이 있으며 사회적 기능으로는 합법적인 성적(性的) 통제, 생식을 통한 사회의 유지 · 존속, 노동력의 제공과 소비활동을 통한 경제적 기능, 자녀의 성공적 사회화를 통한 사회적 요소의 적합한 구성, 제공 등의 기능이 있을 수 있다.

따라서 가정은 개개인의 사생활을 보호받는 터전인 동시에 한 사회를 유지 · 존속시키는 최소의 공동체단위로서 개인과 사회를 연결시키는 중간 고리의 매개체인 것이다.[3] 때문에 가정에 역할과 그 구성원의 중심잡기는 우리의 삶에 한없는 뿌리요 근본이다.

위에 내용과 같이 가정은 매우 중요한 의미와 요소를 가지고 있다. 그런 가정이 가족구성원 간에 조화와 균형을 잃게 된다면 그 가정은 더 이상 가정이란 이름으로 팽이처럼 우리의 행복을 위해 핑핑 돌아갈 수가 없는 것이다. 이렇게 가정의 중심이 잡히고 팽이처럼 돌아가려면 가족구성원 개개인이 자기의 중심을 각자 잃지 않도록 중심과 조화와 균형을 잘 잡아가야한다. 그러면 한 가정, 한가정이 행복한 것이고 그 한 가정, 한가정이 모여서 사회를 이루고 그 사회가 다시 모여서 비로소 행복한 문명국가를 이룰 수 있는 것이다.

사람은 온전할 수가 없다. 때문에 남녀노소 누구를 막론하고 삶의 오류와 시행착오를 만들 수 있다. 그러나 그것을 진심으로 뉘우치고 후회한다면 용서하고 화해를 해야 한다. 살아감에 잠시 삶의 궤도를 본의 아니게 이탈했다면 바른 궤도 수정을 거쳐서 본래의 자리가 아니더라도 또 다른 삶의 본이 되는 중심(中心=가운데 마음)을 잡아야 한다. 그것이 현대사회에서 요구하는 처세술이요, 인간관계학이라고 할 수 있다.

서양속담엔 "우유를 쏟고 울어야 아무 소용도 없다.(It is

---

3) 브리테니커, 가정(家庭), 혼인관계 및 혈연관계로 구성된 가족구성원들이 공동생활하는 장소 또는 조직체. 재인용.

no use crying over spilt milk.)"[4] 라고 했다. 그러나 이젠 다르다. 만일 한 잔에 우유를 쏟았다면 그 보다 큰 그릇에 더 많은 우유를 채우면 될 것이라고 말한다. 그것이 우리가 숨가쁘게 살고 있는 현대사회의 물질만능주의에 편승한 변화된 가치관의 생리적 현상이다.

그러나 금간 물동이라고해서 아주 깨어버리기보다는 금간 곳을 정상적 상태로 원형과 기능을 복원할 수 있듯이 다시 엎어진 물은 채울 수 있도록 화해하는 노력이 우리사회에 더욱 절실하다. 엎어진 물을 다시 채울 수 없을 때 그때 비로소 새로 물동이를 통째로 사도 늦지는 않다는 의미이다.

우리사회의 진정한 정의란 용서할 수 있는 것을 용서하는 것이다. 그런데 우린 용서할 수 있는 것을 용서하는데 매우 인색하고 오랜 시간이 걸린다. 용서할 수 없는 것은 차치하고라도 용서할 수 있는 것을 용서하지 못하는 정의는 진정한 정의가 아니다. 그런 허수아비 같은 정의로는 우리사회와 우리의 삶을 바로 세우지 못한다. 작은 것부터 하나, 둘씩 용서를 해가는 것이다. 그러면 나중에는 용서할 수 없는 것 까지도 용서가 가능하리라. 존경하는 김수환 추기경께서도 마지막 우리에게 화해와 용서를 일깨우고 가셨다. 나 자신에게 바로 세우는 정의가 우리사회를 바로 세우는 정의라고 믿고 싶다.

그것이 우리의 일상에서 실천할 수 있는 '일용사물당행지

---

4) 이동진 편저,「동서양의 고사성어」, 해누리, 2005, p. 362, 참고인용.

리(日用事物當行之理)'[5]로서 일상의 중용이고 균형과 조화를 이루는 삶의 지혜인 것이다. 이것이 인문학의 중심이고, 뿌리고 사회학의 균형과 조화에 대한 이론이기도하다.

옛날이나, 요즘세상이나 가정이 곤궁하여 끼니가 어렵다면 누구나 사람다움의 처신과 사람다움의 길을 가기가 매우 어렵다. IMF 때 우린 이미 경험을 했다. 단란했던 가정이 한 순간에 해체되고 가족을 등지고, 자살을 하고, 지하도와 거리엔 노숙자가 넘쳐났었고, 각종 생활범죄가 판치고, 사회질서가 매우 불안정했었다.

그런 현상은 지금도 계속 진행형이다. 이런 현상은 가정이라고하는 우리의 삶에 중심이 흔들리고 깨어지는 순간부터 시작된다. 때문에 우린 가정에 소중함을 뼈저리게 인식하고 그 어느 한순간이라도 결코 놓쳐서는 안 된다.

---

5) 일용사물당행지리(日用事物當行之理)-날마다 쓰이는 사물이 마땅히 행해져야 하는 이치. 날마다 일어나고 행해지는 일들의 실천적 도리. 김충열,「김충열 교수의 중용대학강의」, 예문서원, 2007, pp. 114, 122 참고인용.

흘러간 세월은 사람을 기다려주지 않는다.

세월부대인(歲月不待人)

중국 동진의 시인 도연명(陶淵明, 365~427)[1]은 자연을 노래한 시인으로 유명하다. 은일 · 전원시인 또는 자연파 시인으로 당대 크게 추앙을 받았었다. 두 임금을 섬기지 않는 절의의 선비이고 권력자에 저항하는 경골(硬骨)한 인간이라는 평가도 받았었다.

도연명은 당나라 이후 육조(六朝) 최고의 시인이라 불리기도 했다. 시 외에 산문작품에 〈오류선 생전〉, 〈도화원기〉 따위가 있다. 그는 젊어서 면학에 전념했고 입신의 포부를 가졌으나 29세경에 비로소 주(州)의 관리가 되었었다. 그 후 13년간 지방관하에 있었으나 입신의 뜻을 크게 이루지 못했다. 그 후 팽택령(彭澤令)을 80일간 근무한 후 향리로 돌아가고 말았다.

도연명이 "내 5두미(斗米)의 봉급 때문에 허리를 굽히고

---

1) 브리태니커, 도연명(陶淵明), 중국의 대표적 시인, 참고인용.

향리의 소인에게 절을 해야 하느냐"라고 한 말은 현(縣)을 시찰하러 온 군의 관리(郡 아래 縣이 있다)에게 절을 할 수 있겠느냐 하고 현령의 자리를 내동댕이쳤을 때의 명대사이다. 그때 전원으로 돌아갈 심경과 고백을 말한 작품이 '귀거래사(歸去來辭)'이다.

그 후 심양 초야에 묻혀 살았지만 은일(隱逸)의 선비답게 처세하면서 명성을 얻었다. 논밭을 갈고 자연의 아름다움을 노래하고 즐기면서 전원시인의 분위기답게 맑고 깨끗한 시를 많이 썼다. 문장도 뛰어났으며 이상의 세계를 그린 〈도화원경〉 등이 잘 알려진 작품이다. 도연명시인은 풍류의 정신과 감성으로 술도 좋아했으며 국화를 사랑하는 온화한 성격의 서정적 시인이었다.

특히 그의 작품세계는 쉬운 말로 시를 쓴 것이 특징이며, 유교와 노장 사상을 흡수 혼합하여 인생의 진실성을 추구한 시인이었다고 전해진다.

그의 작품 중에 '세월부대인'이란 명시이다.

人生無根蔕(인생무근체)
飄如陌上塵(표여맥상진)
分散逐風轉(분산축풍전)
此已非常身(차이비상신)
落地爲兄弟(낙지위형제)
何必骨肉親(하필골육친)

得歡當作樂(득환당작락)

斗酒聚比隣(두주취비린)

盛年不重來(성년불중래)

一日難再晨(일일난재신)

及時當勉勵(급시당면려)

歲月不待人(세월부대인)

인생은 뿌리도 꼭지도 없어

표류하는 것이 길 위에 먼지와 같네.

나뉘고 흩어져 바람 따라 옮겨 다니니

이것은 이미 항상 있는 몸이 아니로세.

땅에 떨어져 형제가 되었는데

어찌 반드시 혈육만을 사랑할까?

기쁨을 얻는 것은 마땅히 즐거운 일이지만

한 말 술로 이웃과 함께하는 기쁨에 견줄 바인가

젊음은 두 번 다시 오지 아니하고

하루 해 다시 뜨긴 어렵다네.

시간 있을 때 마땅히 힘써 노력하는 것은

세월은 사람을 기다리지 않기 때문이지

이렇게 도연명은 허망한 시간의 흐름과 속세의 근심을 달래기 위해 이 시를 썼다고 한다. 그러나 이 시가 젊은이들에겐 시간을 허비하지 말고 부지런히 공부를 하라는 말로 경각심을 주는 메시지가 되었다. 그래서 많은 젊은이들에게 존경받는 시인이 되었다고 전해진다.

시간의 소중함을 일깨우는 서양속담에 "잃어버린 시간은 다시 찾을 수가 없다.(Lost time is never found.)", 또는 "시간과 바닷물은 사람을 기다리지 않는다.(Time and tide tarry for no man.)"[2)]라고 했다.

그렇다. 세월이란 물같이 흘러가는 것이고 세월은 우릴 또한 기다려주지 않는다. 그래서 혹자들은 가는 세월이 야속하다고 원망 한다. 이렇게 세월을 탓하고 있는 순간에도 세월은 오로지 앞만 보고 간다. 뒤돌아보지도, 잠시 멈추지도 않는다. 우리의 이웃이 울거나 말거나, 내 부모형제가 죽어가도 저 시간은 매정하기 이를 데 없이 세월이란 이름으로 혼자 잘난 체 하면서 앞만 보고 간다. 그것이 시간의 얼굴이요, 눈빛이이요, 가슴이요, 발걸음이다.

그렇게 세월은 그 누구에게도 아무 말이 없다. 그렇게 시간은 누구에게나 차별이 없이 하루 24시간을 정확히 주고 각자 알아서 천천히 가든, 빨리 가든 알아서 하란다. 그렇다. 문제는 시간에게 있는 것이 아니라 우리의 자신에게 있는 것이다. 그런데도 사람들은 시간이 있다거나 없다거나 혹은 시간이 빠르다거나 느리다거나 시간에게 원망하고 그 결과를 탓한다.

그렇다면 시간이 빠른 것이 좋을까? 아니면 느린 것이 좋을까? 시간이 빨리빨리 가면 나이를 빨리 먹고 일찍 죽을 것 같고, 시간이 천천히 가면 요즘 도시에 현대인들은 아마 숨막

2) 이동진 편저,「동서양의 고사성어」, 해누리, 2005, p. 446, 참고인용.

혀 미쳐 죽을 맛일 것 같지 않을까? 그렇다. 시간이 느린 것도 문제고, 빠른 것도 문제다. 그렇다면 결국은 빠르지도 않고 느리지도 않게 적당한 것이 가장 좋겠다. 그렇다면 어느 정도가 적당한 것일까? 또 느리다고 해서 무조건 나쁜가? 또 빠르다고 해서 무조건 나쁜 것도 아니지 않는가?

그렇다. 그것은 나에게 주어진 시간의 물레를 내가 얼마나 빨리 돌릴 것인가? 천천히 돌릴 것인가를 빨리 돌릴 것인가를 각자 알아서 결정해야 한다. 남의 시간이 아닌 나의 시간만큼 내가 알아서 적당한 속도에 맞춰서 돌려야 한다. 그것이 나와 시간의 속도를 합리적으로 조절해서 조화와 균형을 이루도록 하는 것이다.

그리고 우린 시간이 빠른 것이 좋다느니, 느린 것이 좋다느니 하는 편견을 버려야 한다. 그것은 어디까지나 인간적 사고다. 시간은 태초 때부터 지금까지 그대로다. 앞서지도 뒤처지지도 않는 것이 바로 시간이다.

필자가 군에 입대했을 때다. 논산 훈련을 마치고 모모사단에서 후반기 병과 훈련을 마치고 모모연대로 자대배치가 되었을 때 일이다. 제대를 하루 이틀 앞둔 선임 고참병의 말을 평생 잊지 않고 마음에 되새기며 산 것이 있다. 그 선임 고참병은 새로 자대배치 신고를 마치고 막 34개월의 군 생활을 시작하려는 신병인 우리에게 군기를 잡는 것인가 했더니 잔뜩 겁먹은 우리에게 군 생활에 임하는 자세와 태도에 대해 설명하기 시작했다.

선임 고참병 왈, "이제부터 너희들은 나라에 부름을 받고 국민에 생명과 재산을 지키기 위해 국토방위의 막강한 임무를 띠고 선봉에 섰다. 그 임무 수행에는 투철한 군인정신과 책임만이 가능하다. 이곳은 최전선이다." 이렇게 말하는데 함께 한 동기들 모두 부동의 자세로 막대기처럼 굳어 있었다. 그것은 말만 듣던 최전방에 와 있다는 것을 그때야 비로소 알았기 때문이다. 자대배치나 행선지를 알려주지 않고 밤 시간을 이용하여 모르게 이동하는 것은 보안상 안전규칙 때문이다. 70년대만 해도 군에 간다고 하는 것은 미래를 기약하기 어려운 시절이었다. 하루아침에 세상과 이별을 할 수도 있다는 불안한 생각이 들었고 그야말로 저절로 국가와 민족을 생각하며 숙연하게 만드는 시간이다. 특히 작전상 칠흑 같이 캄캄한 야간에 이동을 했기 때문에 어디가 어딘지 방향과 현 위치 판단이 불가능했다. 그것은 탈영을 방지하기 위한 통제의 수단이 되기도 했다.

항시 언제 어떻게 사고를 당할지 모르는 곳이 최전방이다. 살벌한 적과 마주하고 있는 부대로선 만반의 사고에 대비가 필요했던 것이다. 선임 고참병에 말이 이어졌다. "그러나 너희들은 너무 겁먹을 필요는 없다. 너희들은 군 생활이 이제 시작이 아니다. 34개월 중에서 이미 24주에 훈련을 무사히 마쳤다. 그리고 '우리속담에 시작은 반이다'라는 말이 있다. 34개월 중에서 6개월은 지나갔고 14개월을 빼면 이미 20개월에 군 생활을 마쳤다. 따라서 남은 기간은 14개월 밖에 남지 않았다. 그 14개월은 지금이 겨울이니까 눈 몇 송이 맞으면 겨울은 지나가고 봄이다. 또 봄은 대민지원 서너 번 나가면 여름이고 여름은 땀 몇 방울 흘리면 또 가을이다. 가을에도 벼 베기 대민지원 몇 번 나가면 겨울이고 마지막으로 고향에 계신 부모님 생각 몇 번만 하게 되면 제대를 하게 된다. 그러니 절대 지겹다고 생각하지마라.

또한 기차가 터널을 들어갔다. 그런데 기차가 터널의 절반을 지났다. 그러면 이 기차는 터널을 들어가는 것이 아니라 기차는 이미 나오고 있는 것이다. 그러니 남은 14개월쯤은 거꾸로 매달아나도 충분히 살 수 있는 날들이다. 알겠는가?" 라고 힘주어 말하던 선임은 처음이자 마지막 훈계를 하고 다음날 전역을 했다.

그 선임 고참은 힘들었을 군생활에 시간을 지혜롭게 기발한 방법으로 터득하면서 시간의 속도를 조율해내는 기술을 우리 신임 병들에게 전수해주고 홀연히 떠났던 것이다.

군 생활이 몹시 힘들었던 시대였음에도 가끔 그 시절 그 고참병이 가르쳐준 시간의 속도 조절법을 생각하면서 지냈던 때가 생각난다. 그 선임에 훈시가 어찌 보면 억지 같지만 억지가 아니었다는 것을 훗날 깨달았다. 그 고참병은 시간의 흐름과 속도를 정확히 이해하고 자신의 의식 속에서 현실을 관통하고 있었던 것이다. 최대한 고통의 시간은 압축시키고 축약해서 빠른 속도를 유지함으로써 지루하고 힘든 고통의 시간을 현실이라는 중심(中心=가운데 마음) 위에 올려놓고 자신의 의식과 조화를 이루도록 균형을 잡아냈던 것이다.

중용 제2장의 말씀이다. '중니왈, 군자중용, 소인반중용(仲尼曰, 君子中庸, 小人反中庸) 군자지중용야, 군자이시중,

소인지(반)중용야, 소인이무기탄야(君子之中庸也, 君子而時中, 小人之(反)中庸也, 小人而無忌憚也)'

이 말씀은 '공자께서 말씀하시길, 군자는 중용을 지키고, 소인은 중용을 못 지킨다. 군자가 중용을 지킴은 군자는 "알맞은 때"를 가려 일을 하고 견지하기 때문이다. 소인이 중용을 지키지 못함은 소인은 일을 함에 거리낌 없이 자기 생각대로 하기 때문이다.'라는 말씀이다.

여기에서 시중(時中)은 시간이다. 시간은 시간인데 그냥 시간이 아니다. 그것은 적시적합의 시간 즉 가장 '알맞은 때'의 시간을 말함이다. 흘러가는 시간 속에서 '아무 때나'가 아닌 마치 '화살이 과녁에 중심을 통과하는 순간의 결정적 시간'을 의미하는 시간을 말함이다. 그 시간을 장악하고 자기가 원하는 시간에 점을 찍는다는 의미이다. 그렇게 하려면 결국 시간의 관리를 철저히 하는 수밖에 없다.

시간적 관념을 갖고 관리를 하는 사람과 시간적 관념이나 개념이 없이 시간을 마구 대하는 사람과의 차이이다. 성공하는 사람들에 경우 모두가 전자에 속할 수밖에 없다. 그런 점에서 도연명의 '세월부대인'은 시간을 위해 내가 존재하는 것이 아니라 나를 위해 시간을 존재케 한다는 강한 의지에 메시지가 함축되어 있다.

이처럼 시간이란? 사람에 따라서 빠르거나 혹은 느리거나, 그리고 빠르면 빠른 대로 느리면 느린 대로 나와 현실에서 중심을 잡을 필요가 있다. 이 '중심잡기(治中治心)'[3]에 실패하

3) 치중치심(治中治心) - 심(心)은 천지의 중(中)이요 일신의 주재자다. 따라서

면 나의 삶이 힘들어지게 되는 것이다. 아무리 능력과 기량이 뛰어난 마라토너라고 해도 자기 페이스 조절에 실패하면 좋은 기록을 낼 수가 없다.

우리의 삶에도 나이에 따라서 혹은 환경에 따라서 균형과 조화에 페이스를 이루면 성공한 삶이다. 행복한 삶이다. 즉, 모든 생활에 능동적이고 시간을 잘 관리할 수 있는 젊은 날에 시간은 황금보다도 소중한 값진 가치인 것이다. 이 값진 시간의 가치를 제대로 인식하고 살 수 있다면 그것이 행복으로 가는 지름길이 될 수 있을 법하다.

마음을 다스리고, 중심을 다스리는 것은 한 뜻이다. 김충열,「김충열 교수의 중용 대학강의」, 예문서원, 2007, p.84 참고인용.

젊음은 늙기 쉽고 학문은 이루기 어렵다.

소년이로 학난성(少年易老 學難成)

'소년이로 학난성(少年易老 學難成), 일촌광음 불가경(一寸光陰不可輕)'이라. 이것은 송나라 대유학자 주자(朱子)의 '권학문(勸學文)'에 나오는 시의 첫 구절이다. '소년은 늙기 쉽고 학문을 이루기 어려우니, 순간의 짧은 시간도 가볍게 여기지 마라.'는 뜻이다.

필자도 유년시절 이 뜻을 마음에 새기고 실천하려 책상머리 벽면이나 중요 필기장, 비망록마다에 표어처럼 써놓았던 단골메뉴였다. 그러나 결론은 실패하고 말았다. 그것은 청소년시절 너무 많은 방황에 시간을 보내고 말았기 때문이다. 돌이켜보면 너무 힘들었던 시간들이었다. 훗날 후회도 많이 했다. 그러나 나이 들어 후회했을 때는 이미 늦었고 모든 것이 다 지나가버린 시간들이었다.

그러고 보니 도연명 선생의 '세월부대인'에 시구가 생각나는 대목이다. 그러나 지금은 과거와 다르다. 학문에는 때가 따로 없다. 나이 들어서도 그 무엇인가를 끝없이 배우고자 열망하는 만학도 들이 그 꿈을 접지 않고 있다. 뜨거운 열정의 실버세대의 배움이 바로 그렇다. 과거 어려웠던 때에 공부를 하고 싶어도 할 수 없었던 시절이 있었다. 공부대신 어른들에 일손을 도와야 했고 일찌감치 산업현장에 뛰어들어 팍팍한 가정경제에 일익을 담당해야했던 소년소녀 시절에 주역들이 지금의 실버세대들이다.

공부할 때 공부하지 못하고 일을 한다는 것은 학문탐구의 적령기를 놓쳤다는 의미이다. 외국 속담에 "학문은 세상을 여는 열쇠다.(Learning is the key to the world.)", "배우는 데는 지름길이 없다.(There is no royal to learning.)"[1] 라는 말이 있다. 동서고금 어디를 막론하고 학문연마에 대해선 모두가 비슷한 입장과 현실로 인식하고 있는 것 같다. 배워야 되는 청소년기 학생들에게 있어서 배움을 일깨우기 위해 중요한 경각심을 주는 좋은 메시지이다.

공부는 누구에게나 성장했을 때 잘 갖추어진 인성과 지식으로 일은 물론 진정한 사회구성원으로 그 역할과 책임을 성실히 하고 자기 자신의 성공된 삶을 살기 위한 목적에서다. 그러한 기초적 필요조건으로서 그 능력과 자질을 연마하는 기간이다. 때문에 배워야하는 학생의 본분은 학업이 제일에 본분이어야 한다. 따라서 공부할 때는 공부를 하고 공부를 마친 뒤 사회의 구성원으로 일을 하는 것이 삶을 거스르지 않는 인생의 순서다. 그러나 삶에 있어서 시간의 흐름을 역행하여

1) 이동진 편저,「동서양의 고사성어」, 해누리, 2005, p, 448, 참고인용.

부조화의 삶을 산다면 당연히 그 삶은 비포장도로를 달리는 수레와 같이 삐걱거림과 무리수가 생기게 마련이다.

누구나 배움의 길이 같을 수는 없다. 우리 주변에서 그 온갖 삐걱거림에 시련을 비장한 각오와 인내로 극복하고 성공한 사람들도 많이 있다. 그러나 그것은 일부 소수다. 불리한 조건에서 유리한 조건을 이겨낸다고 하는 것은 아주 특별한 소수에게 주어지는 그야말로 행운이고 그 행운이 따라주지 않는다면 그것은 매우 불가능한 일인 것이다. 그러한 불가능에 도전해서 행운을 쟁취하기란 요즘 같은 세상에서는 무모한 일이고 바보스럽다고 비판 받을 수 있는 일이다.

그렇게 무모함을 무릅쓰고 배움에 인재들이 애써서 시간을 낭비할 필요가 있겠는가. 그러나 각기 삶의 환경과 조건이 다르고 어쩔 수 없어서 배움을 뒤로하고 산업전선에 뛰어드는 것이 일반적인 현상이요 사회현실이 그렇다. 또 그렇다고 해서 그것이 나쁘다거나 옳지 않다는 것은 더더욱 아니다. 그것은 어쩔 수 없는 상황과 현실에서 선택되는 결과이기 때문이다. 그렇게 해서라도 배워야하는 청소년기를 지나쳐버리고 30대가 되고, 40대가 되고, 50대가 되었기 때문이다.

학문을 닦아야 할 시기를 놓치면 학문은 더더욱 어렵고 젊은 세대를 따라가기가 매우 힘들고 학문적 성과를 크게 거두기도 어렵게 된다. 때문에 가급적이면 때를 놓치지 말고 적시에 학문연마에 최선을 다해야 한다는 뜻이다.

어쩔 수 없어서 학문연마에 때를 놓친 것이 아니라 일부 청소년기에 배움의 본분을 잊고 쓸데없는 일로 젊음의 시간을 낭비하는 경우가 있다. 그러나 어쩔 수 없이 때를 놓쳤다면 늦었으면 늦은 대로 배우고 그렇게 배우고 싶은 것을 배우는 것이 차선책이고 최선이다.

미켈란젤로는 그의 좌우명에서 "나는 아직도 공부하고 있다.(Still I am learning.)"[2] 라고 했다. 그 말은 모르는 것은 언제든 배워야한다는 말이고 배움에는 끝이 없다는 말이다. 우리가 잘 아는 속담에 "아는 것이 힘이다"라는 말도 있다.

요즘 같이 약자가 살기 힘든 세상에서는 그 힘이 이 세상을 살아가는데 있어서 절대적원동력이 될 수도 있다. 힘이 없으면 바로 생존에 위협을 받기 때문이다. 그렇듯이 힘이 절대적으로 요구되는 사회현실에서 그 힘을 갖기 위해 온갖 노력을 하지 않을 수 없기 때문이다. 학문에 힘이 없으면 재물에라도 힘이 있어야하는 것이 이 시대의 명백한 현실이다. 그러나 재물에 힘인들 쉬운 일인가. 일반 서민들에겐 학문에 힘도 어려운 일이지만 재물에 힘은 더더욱 어려운 힘이지 않는가? 때문에 어려운 서민의 환경에선 더더욱 청소년기학문연마에 부지런해야하고 게을리 해서는 안 될 일이다.

중용 제20장에 말씀이다. '자왈 호학근호지, 역행근호인, 지치근호용(子曰 好學近乎知, 力行近乎仁, 知恥近乎勇). 지사삼자, 즉지소이수신, 지소이수신, 즉지소이치인, 지소이치인, 즉지소이치천하국가의!(知斯三者, 則知所以脩身, 知所以脩神, 則知所以治人, 知所以治人, 則지所以治天下國家矣!)'라 했다.

---

2) 이동진 편저,「동서양의 고사성어」, 해누리, 2005, p. 448, 재인용.

이 말씀은 '공자께서 말씀하시길, 배움을 좋아하면 지혜(智慧)에 가까워질 수 있으며, 힘써서 행하면 인애(仁愛)함에 가까워질 수 있고, 부끄러움이 무엇인지 알면 참된 용기(勇氣)에 가까워질 수 있다.'라고 하신 말씀이시다. '이 세 가지를 아는 자는, 곧 수신(修身)하는 바를 알고, 이렇게 수신하는 방법을 알면, 곧 사람을 다스리는 방법을 알게 되는 것이고, 사람을 다스리는 방법을 알게 되면, 곧 세상에서 국가를 다스리는 방법을 알게 된다.'라고 하셨다.

또 중용 제20장 말미에 말씀이다. '박학지, 심문지, 신사지, 명변지, 독행지(博學之, 審問之, 愼思之, 明辯之, 篤行之). 유불학학지, 불능불조야. 유불문문지, 불지불조야. 유불사사지, 불득불조야(有弗學學之, 弗能弗措也. 有弗問問之, 弗知弗措也. 有弗思思之, 弗得弗措也). 유불변변지, 불명불조야. 유불행행지, 불독불조야. 인일능지, 기백지(有弗辨辨之, 弗明弗措也. 有弗行行之, 弗篤弗措也. 人一能之, 己百之). 인십능지, 기천지(人十能之, 己千之). 과능차도의, 수우필명, 수유필강(果能此道矣, 雖愚必明, 雖柔必强).'이라 하였다.

이 말씀은 '널리 배우고, 자세히 물으며, 깊이 생각하고, 사리분별에 밝으며, 독실하게 실천에 옮겨야 한다. 배우지 않은 것이 있으나 배우려한다면, 능하지 않고서는 멈추지 말아야한다. 묻지 않은 것이 있으나 물으려한다면, 알지 않고서는 멈추지 말아야한다. 생각지 않은 것이 있으나 생각하려한다면, 얻지 않고서는 멈추지 말아야한다. 분별치 않은 것이 있으나 분별하려한다면, 분별치 않고서는 멈추지 말아야한다. 실행치 않은 것이 있으나 실행하려한다면, 독실치 않고서는 멈추지 말아야한다. 다른 사람이 한 번에 할 수 있다면, 나는 백번이라도 해야 한다. 다른 사람이 열 번에 할 수 있다면, 나는 천 번이라도 해야 한다. 과연 이런 방법으로 학문을 실천한다면, 비록 우둔한 재질이더라도 반드시 총명해질 것이며, 비록 연약한 기질이라도 반드시 강건해질 수 있다.'라는 말씀이다.

배움이 이와 같을진대 어찌 배움을 게을리 할 수 있겠는가? 그러나 여러 가지 사정과 이유에 의해서 배움의 시기를 놓쳤더라도 갈고 닦으면 반드시 이룰 수 있다는 말씀이다.

나의 힘을 키우는 궁극적 목적은 내가 이 세상에 바로 서기 위함이다. 내가 이 세상에 중심을 잡고 바로 선다는 것은 사람다운 모습으로 사람답게 살기 위한 의미이기도 하다. 또한 내가 바로 설 수 있으니 내 주위에 중심을 잃고 흔들리는 사람을 바로잡아 세울 수도 있는 것이고 나의 힘이 필요한 사람들에게 힘이 되어줄 수도 있기 때문이다. 그럼으로써 더불어 사는 세상에 '균형과 조화'[3]를 이룰 수 있기 때문이다.

중심을 잃는다는 것은 매우 불안하고 위험한 것이다. 그러나 인간의 삶이란 하루하루가 외나무다리를 건너거나 외줄을

---

3) 균형과 조화(均衡과 調和)- 균형이란? 어느 한쪽으로 기울거나 치우치지 아니 하고 고른 상태이다. 그것은 동심을 태우고 오르내리는 시소와 같다. 그것은 저울대가 가장 알맞은 상태에 놓여 있을 때의 평일(平一)한 상태이다. 우주의 가장 건전한 운행은 형평이요, 가장 충실한 생성은 조화이다. 김충열,「김충열 교수의 중용대학강의」, 예문서원, 2007, pp.107, 112 참고인용.

타는 것과 같기 때문에 늘 중심을 잃을 위험에 노출되어 있다. 때문에 국가의 번영과 국민에 미래를 위해서는 우리 사회가 그 중심을 잃지 말아야한다. 우리 사회의 중심을 잃지 않는 것이 국가의 미래다. 내가 중심을 잃지 않으려면 내가 바로 서서 그 중심을 지켜내는 일이다. 따라서 그것이 학문에 힘을 키워야하는 당위성과 목적이다.

물이 너무 맑으면 큰 고기가 없다.

수청무대어(水淸無大魚)

수청무대어(水淸無大魚)는 '물이 너무 맑으면 큰 고기가 없다'는 뜻으로 너무 청렴결백하고 똑똑하면 그런 사람과는 어울리지 않는다는 말이다. 이 말은 한나라 때 반초(班超)장군이 서북 국경지대에서 크게 활약하여 한나라의 공적과 국위를 크게 떨치고 실크로드의 요충지인 서역도호부(西域都護府)의 총독으로 부임했다가 돌아왔다. 그때 새로 부임한 임상(任尙)이 반초를 찾아와서 서역을 다스리는데 유의할 점에 조언을 구했다. 이때 반초는 다음과 같이 충고를 했다한다. "임상 자네는 너무 청렴결백하고 강직하네. 물이 맑은 곳에는 큰 고기가 없다네. 너무 엄격하게 백성을 통제하고 다스리면 아무도 따라오지 않는다네. 사소한 일은 보고도 못 본 척 대범하게 다스리는 것이 좋을 듯하네."라고 충고를 했다는데서 유래가 되었다.

그러나 요즘은 수탁다대어(水濁多大魚)[1] 이다. 때문에 수

1) 수탁다대어(水濁多大魚)- 물이 혼탁할수록 큰 고기가 많다. 이것은 현대사의

청무대어(水清無大魚)를 고민하는 것은 가당치도 않은 말이다. 위로 올라갈수록 물은 더욱 탁하고 아래로 내려갈수록 희석이 돼서 덜 탁하다. 물을 흐리는 것은 주로 위에서 힘센 강자들이다. 아래에는 힘없고 가난한 사람들뿐이니 어떻게 물을 흐리겠는가?

조선중엽 중종 때 도학정치(道學政治)[2]를 주창하며 급진적인 정치개혁을 시도했던 조광조는 충신 중에 충신이다. 그러나 훈구(勳舊)의 세력과 반발에 부딪쳐 결국 죽임을 당하게 되었다. 왕위에 오른 중종은 연산군 때 파괴되었던 여론제도와 유교정치의 복구와 교학(教學) 강화를 최대의 과제로 삼고 정치개혁을 시도했었다. 이를 위해 성리학을 장려하고 홍문관을 강화했으며 문신의 월과(月課) · 사가독서(賜暇讀書) · 춘추과시(春秋課試) 등을 엄격하게 시행코자했다. 또한 1513년(중종8)에 김세필 · 김안국으로 하여금 "성리대전(性理大全)"을 연구시키고 경연(經筵)토록 했다. 그리하여 1515년에는 사림파의 추앙을 받던 조광조는 6품직에 등용

권력형 비리와 부정부패를 꼬집는 말로 해석하면 된다.

2) 도학정치(道學政治)- 고려말기 주자학이 우리나라에 들어왔으나 널리 보급되지는 못했다. 그러나 조광조의 도학정치에 대한 주창은 대단했다. 그의 도학정치는 조선시대의 풍습과 사상을 유교식으로 바꾸어놓는 데 있어서 중요한 전기가 되었다. 불교에 대한 압박을 강화하고 성리학의 발전에 박차를 가했다. 성종은 성리학에 심취하여 도학적인 사상과 조예가 깊었으며 각종 경연을 통해 학문과 교육을 장려하려 했다. 성종은 이와 같은 도학정치사상에 입각하여 성균관에 존경각을 짓고 경전을 소장하게 했다. 또한 홍문관을 확충하고 독서당을 설치하여 젊은 관료들에게 독서와 저술에 전념하게 하였다. 그 결과로 노사신 등의 '동국여지승람'과 서거정 등의 '동국통감', '삼국사절요', '동문선' 강희맹 등의 '오례의', 성현 등의 '악학궤범이 간행되는 전기가 되었다. 브리태니커, 조선 정치가, 참고 인용.

되었다. 조광조는 성리학을 정치와 교화의 근본으로 삼고 도학(道學)에 근거한 지치주의적(至治主義的)[3] 이상정치의 뜻을 실현하려고 애썼다.

중종은 조광조 · 김안국 · 이장곤(李長坤) 등을 중심으로 한 성리학적 사회질서를 정착시키기 위한 조치들을 단행했고 1517년엔 중국 여씨향약(呂氏鄕約)을 본받아 향약을 전국적으로 실시하고 향촌에 질서를 성리학적으로 편성했다. 그리고 소격서(昭格署)를 폐지 도교적인 의식을 없애고 도승제도(度僧制度)를 폐지했다. 그러므로 도성 안에는 새로이 사찰을 짓지 못하게 하는 등 불교 억압의 정치를 도모했다.

조광조는 그뿐만이 아니라 정치제도를 개혁하여 과거제를 폐지하고 현량과(賢良科)를 두었고 이 제도로 1519년 김식 · 박훈 등 28명과 그 후 김정 · 김구 · 기준 등이 등용되었다. 이들은 조광조의 개혁정치를 뒷받침하는 중요한 정치세력에 중심이 되기도 했었다.

그 후 조광조의 개혁정치는 반정공신세력을 비롯한 훈구파의 정치적 반발을 사게 되었고 1515년 김정 등이 역신의 딸이라 하여 왕비 신씨의 폐출을 관철시켰던 박원종의 처벌을 강력히 주장했다가 정치세력의 중심에서 밀려나 유배되자 이는 언로(言路)를 막는 행위라고 임금에게 상소함에 따라 양파의 대립과 갈등이 표면화 되었다. 1518년 현량과가 설치되

---

3) 지치주의적(至治主義的)- 유교주의적 도덕규범인 향약(鄕約)을 전국적으로 실시하고 현량과(賢良科)를 두어 김식(金湜) 등 유능한 신진사류 28명을 뽑아 언론 · 문필의 중요직에 등용했다. 이들 사림파(士林派)를 중심으로 한 지치주의적(至治主義的) 이상 정치를 행하려했었다.

어 사림파가 대거 언관으로 기용되면서 현량과의 혁파를 주장하는 훈구척신을 탄핵했고 1519년에는 조광조의 주장으로 반정공신 가운데 76명이 훈적(勳籍)에서 삭제되고 그들의 토지와 노비가 몰수됨에 따라 훈구세력이 사림의 제거를 모색하는 빌미를 주게 되었다.

이에 심정 · 남곤 등이 조광조는 붕당을 만들어 국정을 어지럽혔다고 주장하여 탄핵을 받게 했다. 때마침 중종은 조광조 등 사림파의 지나친 도학적 언행과 급진적인 개혁에 압박과 불안을 느끼기에 이르렀고 중종은 이때 중신들에 탄핵을 받아들여 조광조 · 김정 · 기준 등을 죽이고, 박훈 · 김안국 등을 파직 또는 유배시켰다. 사림은 1521년 신사무옥(辛巳誣獄)으로 다시 타격을 받은 뒤 중앙정치무대에서 완전히 배제되어 향리에서 성리학을 연구하며 후진 양성하는 데 주력하게 되었다.

이렇게 조광조는 한때 왕의 총애를 받아 그의 권세가 막강했음을 알 수 있다. 그러나 그의 지나치게 결곡한 정신과 권세가 관리들에 조그만 허물이나 잘못도 매우 엄하게 처벌함으로써 주위에 사람을 잃게 되었고 적자가 많아지게 되었다. 그리하여 결국은 역적모의를 한다는 훈구세력에 모함에 걸려 죽임을 당하게 되었던 것이다.

중용 제10장에 말씀이다. '고군자화이불류, 강재교, 중립이불의, 강재교(故君子和而不流, 强哉矯, 中立而不倚, 强哉矯).' 이 말씀은 '군자는 너그러움과 강함과도 잘 어울리나 속된 것에 휩쓸리지 않으니 이것이 강함을 바로잡아 세우는 것이요, 중용의 도리에 따라 어느 한쪽으로도 기울지 않으니 이것이야말로 진정한 강이니라.' 하였다.

조광조는 정치적 목적을 이루기 위해서는 과감한 정치개혁이 필요하다고 생각하여 강하게 일을 도모하는 추진은 좋았으나 강함을 강함으로 맞섰을 뿐 너그러움과 강함의 조화를 이루지는 못했다. 따라서 그에 반발하는 세력들에게 오히려 공격을 받게 되는 빌미를 제공하게 되었고 결국은 죽임을 당하게 된 것이다.

조광조 같은 인품의 충신이 "수청무대어"라는 의미를 분명 모를 리가 없었다. 그럼에도 정치적 목적을 끝까지 이루지 못한 것은 그가 깨끗한 물에 대어였기 때문이 아니라 더럽게 오염된 물에서 놀기를 좋아하는 물고기들과 적당히 썩은 관리들에 밥이 될 수밖에 없었던 정치적 현실이 그러했기 때문이 아닐까하고 생각한다.

그럼 물이 맑아야 한다는 것인가? 아니면 맑으면 안 된다는 것인가? 사뭇 헛갈린다. 또 맑은 물은 물이고 맑지 않은 물은 물이 아니라는 것인지도 헛갈린다. 공기 중에도 탁한 공기와 맑은 공기가 있다. 그러나 모두 다 하나의 공기이듯이 맑은 물도 물이요 탁한 물도 하나의 물이다.

어쨌든 물은 맑아야 한다. 맑은 물이 많을 때에 탁한 물을 희석시켜서 큰 고기, 작은 고기들이 함께 공존할 수 있어야한다 또한 탁한 물도 너무 탁하면 큰 고기도, 작은 고기도 모두 살기 어렵다. 따라서 환경적으로 탁한 물이 발생할 수는 있으나 맑고 깨끗한 물이 많이 흘러서 탁한 물을 빨리빨리 정화시키고 물속에 모든 생명들이 자연스럽게 공존할 때 자연이 아름답게 살아 숨 쉴 수 있다. 맑은 물엔 너무 맑아서 물고기가 부자연스럽다. 그러나 조금 탁한 물엔 물고기가 훨씬 자연스럽다. 자연의 생명들에게도 자신의 사생활이 노출되는 것은 인간처럼 부자연스럽기 때문이다.

그리고 그 물속에 또 다른 생명들이 그 물속에 존재해야하는 이유가 있기 때문인 것이다. 그렇다면 "수어지교(水魚之交)"의 관계처럼 조화와 균형으로 물의 맑기를 조절하여 물도 살고 고기도 함께 사는 물이라면 더 없이 아름답고 자족하는 자연스러운 현상이리라. 그런데 요즘은 아랫물, 윗물이 따로 없다. 탁하긴 모두가 마찬가지다. 아랫물은 아랫물대로 흐리고 윗물은 윗물대로 흐린 것이 일반화된 사회적 현상이요 통념이다.

외국 속담에 "너무 깨끗한 그에게는 파리도 앉으려 하지 않는다.(He is so clean, a fly would not sit on him.)"라고 했고, "대부분의 사람들이 행동하는 대로만 하면 그들이 너를 칭찬할 것이다.(Do as most men do and men will speak well of you.)"[4]라는 속담도 있다. 그렇다 적당해야지. 얼마나 깨끗하면 파리조차도 피곤해서 가까이 하기를 거리끼는 것일까? 그것은 상생과는 거리가 멀고 먹을 것이 전혀 없기 때문에 관계의 필요성을 전혀 느낄 수 없다는 결론이다.

즉, 관계란? 유유상종이나 상부상조의 관계를 전제하는 가치관이다. 그러나 물의 흐름과 속성으로 보아 윗물이 맑으면

4) 이동진 편저,「동서양의 고사성어」, 해누리, 2005, p. 466, 참고인용.

자연이 아랫물도 더욱 맑지 않을까? 그렇게 해서 윗물이 아랫물에게 더욱 당당할 수 있기를 미래시대엔 정치와 권력에 기대해 봄이 어떨지?

세출에 양을 헤아려 세입을 조절한다.

양출제입(量出制入)

서양속담에 "빵에 맞춰서 국을 준비하라.(To make your soup according to your bread)", "옷감에 맞춰서 옷을 재단하라.(Cut your coat according to your cloth.)"[1] 라는 말이 있다.

이는 모두 정도에 알맞은 쓰임을 위한 말이다. 마치 시간을 효과적으로 관리하고 효과적으로 쓰고자 할 때에 적시적합(適時適合)을 말함과 같다. 이는 빵보다도 국이 많으면 결국은 국이 낭비되는 것을 사전에 예방하고자 하는 목적에서다. 또한 옷감에 양이 한 벌이 될 것인지, 두벌이 될 것인지, 아니면 한 벌도 부족할 것이지, 큰 사이즈가 될 것인지, 작은 사이즈가 될 것인지를 사전에 생각하지 않고 옷을 디자인하고 재단을 한다면 그 수요예측을 하지 못함으로써 반드시 옷감이 부족하거나, 남거나의 문제가 생기게 되는 것을 사전에

1) 이동진 편저,「동서양의 고사성어」, 해누리, 2005, p, 502, 참고인용.

예방하고 차단하기 위한 것이다. 즉, 예측 불가능한 것 보다 예측 가능한 것이 더 효과적이고 손실을 최소화할 수 있기 때문이다.

예측 그것은 가정경제나, 국가경제나, 사업경영이나 모두 마찬가지일 것이다. 모든 일에 있어서 결과에 대한 예측을 통해서 계획을 수립하고 모든 프로세스가 이루어진다. 반드시 수입과 지출, 또는 수요와 공급에 일정한 기준과 중심의 균형이 이루어지지 않으면 예측이 불가능해지고 회계적인 문제에 오류를 예방할 수 없기 때문이다.

'양출제입'이란? 무조건 세금을 많이 걷고 많이 쓰려는 방식이 아니라 세출(支出)을 미리 헤아려서 세입(收入)의 규모에 맞게 계획(計劃)하고 실행하는 맞춤형 세입세출제도와 같은 목적의 의미가 크다. 지출에는 여러 가지가 있다. 그러나 그 중에서도 꼭 해야 하는 것과 하지 않아도 되는 것이 있게 마련이다. 즉, 일에 내용과 성질에 따라서 불요불급한 것을 꼼꼼히 따지고 가려서 지출에 규모를 최소화하고 거기에 맞춰서 세입의 규모를 확정하는 것이 '양출제입'의 기본 세제제도라 할 수 있다. 그렇게 함으로써 낭비적인 요소를 제거할 수 있고 완급을 조절함으로써 예산에 운용과 효율성을 높이는 방법이 될 수 있기 때문이다.

이것은 당나라 현종 때 안록산의 반란(755~763) 이후 나라가 매우 어렵게 되고 국가재정이 파탄지경에 이르게 되었다. 그러자 나라에서는 더욱 많은 세원이 필요했고 백성들은 그로인해 무거운 세금을 강요받게 되었다. 그로인해 백성들의 살림살이는 더욱 궁핍해졌고 허리가 휠 정도였다. 그야말로 민생고가 심각하게 허덕이는 상황에 이르게 되었다. 그러나 덕종(德宗, 재위 779~805) 때 다행이도 수상인 양염(楊炎)에 의해 과감히 세금제도가 개혁되기에 이르렀다. 이른바 이것이 '양출제입'의 기원이 된 납세제도다.

그리하여 재정지출의 축소와 억제를 통해서 백성의 허리가 휘는 무거운 책임을 가볍게 함으로써 백성들로부터 나라에 대한 지탄과 원성은 사라지게 되었고 백성들은 더더욱 열심히 일하게 됨으로써 다시 나라경제가 되살아났고 부흥을 하게 되었다. 그리하여 백성들은 국태민안의 행복함을 갖고 살게 되었다한다. 이런 원칙과 제도는 명나라 중엽(1450)까지 이어졌고 약 650여년에 걸쳐 오랜 기간 이 제도가 전승된 것은 참으로 훌륭한 좋은 납세제도였기 때문이라 아니할 수 없겠다.

그렇다. '양출제입'은 너무나도 당연한 것이다. 그러나 오늘날 정부의 납세제도와 정책의 현실을 보자. 납세자의 입장이 고려되지 않은 세제정책과 불요불급함을 생각하지 않고 재정지출의 규모를 무분별하게 확대하여 나라의 살림살이가 쪼들리게 되고 채권국이 아니라 채무국으로 전락한다는 것은 이 나라의 국민에 삶과 행복지수가 보장되지 않는 것으로 국가의 미래와 희망이 어둠에 깔리는 것을 의미하는 것이다.

물론 국가경제가 잘 돌아가야 한다. 그러기 위해서는 세금도 많이 내야하고 많이 걷어드려야 한다. 그래야 재정이 늘어나고 지출도 늘어나서 폼 나게 나라 살림살이를 할 수가 있다. 당연한 논리다. 그러나 비축되어 있는 예산이 많다면 아무런 문제가 발생하지 않는다. 그러나 문제는 그렇게 펑펑대고 쓸 상황이 아님에도 그것을 인식하지 못하는 것은 우리 국민을 매우 불안케 하고 어려운 사람들을 더욱 불행의 늪으로 빠져들게 하는 결과일 뿐이기 때문이다.

그렇게 국가경제를 억지로 부흥시키는 데만 너무 몰입하고 집착을 하다보면 결국 무리수를 두게 되고 정책실현의 오류를 범하게 마련이다. 그러다 보면 땜질식 편법이 나오게 되고 그 편법은 그 편법에 또 편법만을 만들어갈 뿐 원칙과 정당성은 점점 설 자리를 빼앗기게 된다. 그럼으로써 사회적 전통성과 원칙, 규범과 질서가 깨지고 소위 말하는 정의와 공정이 사라진 사회악의 불공정이 싹 트고 종래는 전체를 덤불처럼 휘감아서 우리사회를 무기력하게 만드는 결과를 초래할 수 있기 때문이다.

또한 국가경제를 잘 돌리자고 국민의 허리가 휘고 입에서는 아이고아이고 소리가 절로 나오게 해서야 되겠는가? 국가에 재정을 늘려서 하고 싶은 대로 하겠다고, 온갖 세금명목을 만들고 부족한 세수를 충당하기 위해 전국에 있는 모든 땅들에 공시지가를 올려서 개발과는 상관없이 세금만 더 내게 하는 수법이야말로 '양출제입'의 세제목적과 정신에도 매우 반하는 세제정책이다.

그런다고 농산물의 가격이 올라가는 것도 아니요, 소득이 많아진 것도 아니다. 이유 없이 정부 공시지가인 땅값만 올려놓고 세금만 더 거둔다는 것은 농민의 입장에서 보면 전혀 정부를 이해할 수 없는 노릇이다.

정부는 정부대로 고민이 많겠다. 하지만 그렇다고 해서 고민에 문제와 해결을 그렇게 행정편의주의 사고와 발상으론 곤란하다. 농촌경제의 현실을 직시하지 못하는 구태적 발상이다. 그것은 현재 당면하고 있는 농촌경제의 살림살이를 더욱 곤란하게 할뿐 세제정책에도 별 도움이 되지 않는다.

어려운 사람들을 쥐어짜서 무엇이 나오겠는가? 그것은 비탄의 목소리와 정부와 나라에 대한 원성만 키워갈 뿐이다. 그것은 국가경제가 어려울 땐 부자나 부자기업이 세금을 많이 내서 나라의 살림살이를 도와야 한다. 그런데 오히려 부자나 부자기업들은 힘을 배경으로 명분만 앞세우고 끈질긴 감세를 요구한다. 그 뿐이랴. 절세라는 명분으로 엄청난 편법적 탈세를 하고, 부도덕한 방법으로 상상을 초월하는 비자금을 조성하기도 한다.

무론 모든 기업들이 똑 같이 그러는 것은 아니다. 그리고 전체의 규모에서 보면 일부라고 할 수도 있다. 또 직장인들 유리알 지갑에서는 철저하게 세금을 거둬가면서도 강자와 부자들에 납세의무에는 매우 관대하고 호의적이다. 그런 정부는 힘없는 서민들에게는 전혀 희망이 될 수 없다. 그러면서 '친서민정책'을 운운하는 것은 언어도단이고 서민을 우롱하는 처사에 불과하다.

이런 것들이 우리사회의 오래된 불공정의 병폐임을 알면서도 스스로 그것을 치유코자 하지 않는 현실이 매우 안타깝다. 이런 상황에서는 밑 빠진 독에 물 붓기 식으로 썩을 대로 썩은 부패한 관리나 편법을 좋아 하고 약삭빠른 업자들 입속으로만 국가에 귀중한 국고가 마구 새어나가게 되는 것이다. 그런 상황에서 나라 살림살이를 제대로 할 생각은 안하고 방만한 예산 속에 세금만 무겁게 늘려가는 것은 결코 국민에 행복과는 거리가 먼 세제정책이 아닐 수 없다.

이런 것들이 우리사회의 불균형이다. 즉, 합리적인 균형과 조화를 이루지 못하고 있는 현상이다. 그것을 국가가 원칙에 맞게 제대로 하지 못하는데서 비롯되는 문제들이다. 세제정책은 그 어떤 정부정책 가운데에서도 가장 중요한 핵심적 정책이다. 그것을 가지고 국가를 움직이게 되는 것이기 때문이다.

중용 제20장의 말씀이다. '시사박렴, 소이권백성야(時使薄斂, 所以勸百姓也).' 이 말씀은 '알맞은 때에 알맞게 사역(使役)하고, 세금을 감해주는 것이 백성을 사랑하는 방법이 된다.'라는 의미이다.

그것은 한마디로 백성이 너무 힘들지 않게 하겠다고 하는 군자의 자애로운 보살핌의 뜻이다. 나라의 임금이 이토록 백성을 아끼고 사랑하는데 어찌 백성이 백성 된 도리와 책임을 다하지 않으랴. 우리사회의 정치지도자들이나 사회 각계각층의 리더들이 한번쯤은 되새겨야 할 대목이다.

또 우리말에 '하후상박'이란 말이 있다. 이것은 아랫사람에게 후하고 윗사람에게는 박하게 한다는 의미다. 약자에게 후하고, 강자에게는 약하게라는 의미이기도하다. 이것은 어떤 의미에선 배려의 정신과 나눔과 분배의 원칙에도 매우 합리적사고로 실천할 수 있는 방법 중에 하나이기도 하다. 윗사람은 아랫사람보다는 어떤 면에서든지 좀 낳은 위치에 있다. 이를테면 평사원 보다는 과장이나 부장이 월급도 많고 형편도 낳을 수 있다. 또 부장보다는 임원인 상무나, 전무, 사장이 훨씬 나은 위치에 있다고 봐야 할 것이다.

이럴 때 특별 성과급을 회사가 지급한다고 할 때 지급방법에 있어서 급여에 일률적 비율을 적용하는 방법이 있다. 그러면 적용에 비율이 같아서 공평할 것 같지만 급여가 많은 사람과 적은 사람과의 차이에 따라 성과급에 금액은 엄청난 차이가 있다. 이럴 경우에 직급에 따라 윗사람인 임원은 3%, 부장이나 과장은 5%, 평사원은 8%로 이렇게 비율을 달리 적용해서 성과급을 회사가 지급한다든가 아니면 직급에 관계없이 평사원 기준으로 일정금액을 지급한다면 회사에 분위기는 물론 회사는 사원들에게 애사심을 강조하지 않아도 될 만큼 더욱 더 일치단결 하여 생산성 향상은 물론 좋은 경영실적을 만들어갈 수 있지 않을까?

이것은 곧 필자의 생각만이 아닐 것이다. 이것이 곧 하후상박의 정신이고, 강자가 약자를 위해 배려하는 진정한 나눔의 의미일 것이다. 이 처럼 세제정책에 있어서도 어렵고 힘든 약자의 계층에게 보다 나은 계층이 배려하고 보호받게 하는 사회적, 제도적, 행정적 시스템에 의한 정책이 매우 아쉽다. 힘없는 약자들만 납세의 의무를 강요받고 강자들은 이런 저런 편법으로 납세의 의무를 소홀이 한다면 바로 이런 것들이 우리사회를 좀먹게 하는 불공정의 원흉인 것이다.

요즘 중앙정부 뿐만이 아니라 지방자치단체들에 행태를 보자. 지자체 재정자립도의 평균기준에도 못 미치는 상황임에도 불구하고 무분별한 사업의 확대와 호화청사 건립 등이 언론의 도마 위에 오르내리는 상황임에도 이런 국민적 우려와 지적도 아랑곳하지 않는 단체장들과 관리들의 의식이 매우 의심스럽다. 이런 것들은 '양출제입'과는 거리가 먼 행정치적 주의와 전시행정의 구태를 벗지 못하는 의식에서 비롯된 결과라고 해야 할 것이다.

나라의 살림살이를 잘 하는 것은 무조건 많이 거둬드려서 많이 쓰는 것만이 잘하는 것은 아니다. 수입보다도 지출이 많지 않고 적자의 폭을 최소화해서 국민적 고통을 최소화하고 국민이 어려운 상황에서도 희망을 잃지 않도록 하는 것이 행정수반에 당연한 의무와 책무이다. 그리고 국민이 행복해야 할 권리를 보장해 주는 것이 진정한 지도자의 궁극적 목표라고 해야 할 것이다.

꼭 필요한 것만큼만 세금을 걷고 억지로 재정지출을 늘리고 많이 걷어 들여서 국민을 힘들게 하지 않았다면 이것이 우리 사회의 공정이요, 정의[2]다. 이것이 국민의 생명과 재산을 보호하고자 하는 국가 헌법에 충실한 지도자의 덕목이고 정치철학일 것이다. 이것이 도탄에 빠진 백성을 구하는 애국애민의 정신이고 국가경제를 재건한 '군자의 도리'[3]가 아닐까?

---

3) 군자의 도리- 중용 제11장 원문의 말씀이다. 君子, 依乎中庸, 遯世不見知, 而不悔, 唯聖者能之! 참된 군자는 중용의 도리에 따라 삶을 사는 것이고, 설령 세상 사람들이 알아주지 않아 속세를 피하여 은거하게 될지라도 후회하지 않을 것이다. 그저 중용의 삶 속에서 즐거워할 뿐 세상이 그것을 알아주거나 알아주지 않음

이것이 인권을 중시하고 사회적, 국민적 통합을 이루어내는 균형과 조화가 아닐까? 이것이 이 나라 국민의 한 사람으로서 중심을 잃지 않고 바로 설수 있게 하는 공정사회의 근본이 아닐까?

을 신경 쓰지 않는다. 이는 오직 성자만이 할 수 있는 일이다. 김충열,「김충열 교수의 중용대학강의」, 예문서원, 2007, p.173 참고인용.

과거는 미래의 꽃향기(옛것을 배워서 새롭게 한다.)

온고지신(溫故知新)

과거는 미래의 꽃향기(옛것을 배워서 새롭게 한다.)이다. 시대의 변천에 따라서 우리사회의 겉모습도 급변하고 있다. 우리 주위에 모든 것들이 변하지 않는 것은 없다. 그러나 유독 우리의 본성만큼은 태곳적부터 예나, 지금이나 늘 변함이 없지 않는가? 만일 시대의 변천에 따라서 우리의 본성도 바뀌고 변한다면 어떻게 될까? 또 어떻게 변할지도 궁금하고 매우 불안한 생각도 든다.

그러나 다행인지 불행인지 사람의 본성은 쉽게 변할 것 같지는 않다. 우린 입버릇처럼 새롭게 변해야 한다고 말하고 있다. 시대에 맞춰 새롭게 변하지 않으면 살아남지 못 한다고 변화를 독려하고 자극하지만 정작 우리의 습성이나 속성은 늘 그대로다. 오히려 변하는 것에 대한 두려움이 더 크다.

때문에 우린 오래전 길들여진 습관에서 쉽게 벗어나지 못하고 있다. 때문에 과거의 잘못이나 실수도 반복하는 경우가 다반사다.

논어 위정편(爲政篇)에 보면 공자께서는 "옛것을 다시 배워서 새것을 안다면 그는 다른 사람들의 스승이 될 수 있다." 라고 했다. 그러나 요즘은 옛것에 대한 것이 그리 각광받지 못하는 시대가 아닌가!

옛것을 배우기보다는 새것조차도 따라 배우기가 여간 힘든 세상이 아니다. 그러니 이미 옛것을 배웠거나 알고 있는 것도 쉽게 잊어버리고 마는 현실이다. 그러니 잊어버린 옛것을 다시 복습할 시간이 없다고 생각한다. 오로지 새것을 보고 익히기에 몰두하고 여념 없는 것이 이 시대를 사는 현대인들의 모습이다.

이렇게 세상은 앞을 향해 새것을 따라가기에 급급하고 매우 숨 가쁘게 돌아가지만 그렇다고 새것도 모두 알고 지나가는 것은 아니다. 그리고 그 새것이란 것도 한 순간 지나고 나면 과거고 쉽게 잊고 만다. 때문에 우린 그런 세상의 궤도에 맞춰 앞만 보고 달려 왔고 또 앞으로도 그럴 것만 같다는 생각이다. 그러나 이제는 비틀어지고 어긋난 삶의 궤도를 수정해야 할 때다. 앞만 보고 달려오느라 좌우상하에 볼 것을 제대로 보지 못했는데 이제부터라도 뒤도 돌아보고, 옆도 보고, 눈과 마음에 여유를 갖고 미래의 꽃향기를 폐부 깊숙이 들이마실 필요가 있다.

현대문명의 꽃향기는 눈부시지만 향기가 없다. 진짜 같은 위선의 눈빛도, 미소도 아름답지만 온기는 없다. 그러나 눈과 마음에 여유를 갖고 미래의 꽃향기를 우리의 가슴과 영혼

속에 깊이 간직했을 때 그 동안 보지 못했던 포용(仁)[1]이라든가 관용(德)[2] 같은 것이 눈과 마음에 들어온다. 우린 내가 아닌 타인을 포용하고 관용하는 것에 매우 인색했다. 그러니 인과 덕의 향기는 오간데 없다. 그뿐인가. 과거의 실수나 잘못을 지우는 데는 왜 이렇게 민첩하기만 한가. 그것을 수치라고 생각했기 때문이 아닌가. 정치, 사회, 문화 모두가 그렇다.

역사의 과정에서 있었던 오류나 과오는 미래의 스승일 수 있고 인류문명창달에 명약이 될 수도 있음을 간과해서는 안 된다. 서양속담에 "오늘은 어제의 제자이다.(Today is yesterday`s pupil.)", "앞으로의 일을 알려면 과거를 검토해야 한다.(He that would know what shall be must consider what has been)"[3]는 속담이 있다.

그렇다. 어제의 스승을 잊은 오늘에 제자는 있을 수 없다. 과거의 실수나 잘못을 반성하지 않고 내일을 기약한다는 것은 무의미한 것이다. 미래를 향해 앞으로 진력하는 데는 매우

---

1) 인(仁)- 인인(仁人)의 기본자세는 "남을 이기려 하지 않고 먼저 자신을 이기며, 남을 탓하고 원망하기 전에 자신을 탓하고 꾸짖어 진실한 인간으로 돌아가는 것. 그 다음 그것으로 미루어 남을 사랑하고, 사물을 사랑하고, 자기와 공생공존(共生共存)하는 모든 천지생명을 사랑하는 것. 김충열,「김충열 교수의 중용대학강의」, 예문서원, 2007, p.160 참고인용.

2) 덕(德)- 지나치면 중(中)을 잃고 못 미치면 중에 이르지 못한다. 그러므로 중용의 덕(덕=도리, 요령, 본보기)은 지극하다. "중용의 도리는 사람뿐만 아니라 천하의 모든 존재가 하염없이 움직이고 출렁대는 이 변화무쌍한 세상에서 살아가는데 꼭 알고 행동해야하는 지극한 생존요령이다. 사람들 중에는 이를 깨달아 알고 신중하게 처신하는 자가 드물다." 이것은 중용 제3장의 말씀이기도하다. 김충열,「김충열 교수의 중용대학강의」, 예문서원, 2007, p.144 참고인용.

3) 이동진 편저,「동서양의 고사성어」, 해누리, 2005, p. 540, 참고인용.

빠르나 빠른 것만큼 좌우를 살피거나 뒤돌아 볼 여유를 갖지 못하는 것이 현대사회의 주역들이다. 과거를 통한 반면교사(反面教師)의 교훈과 성찰은 매우 훌륭한 삶의 지혜가 될 수 있고 미래의 발전과 이상 실현에 크나큰 힘이 될 수도 있다.

그저 앞만 보고 달려가다 잘 못을 저질러놓고는 자기변명이나, 자기합리화에 급급하기 일쑤다. 과거 제국주의 일본이 조선왕조를 침탈하여 우리의 소중한 역사를 가로 챌 때에 조선의 내로라하는 지도세력은 어디에서 무엇을 했나? 수구니, 개혁이니 패를 가르고 당파싸움만 하다가 호시탐탐 노리고 있던 그들에게 나라를 송두리째 강탈당했다.

그 후 참혹한 전쟁을 치루고 남북으로 갈라진지 반세기가 지났음에도 여전히 남북은 긴장과 대치 상태인데 오늘의 정치 현실은 어떤가? 여전히 보수와 진보의 대립과 갈등 속에서 역사의 물결이 소용돌이 치고 있지 않는가? 흑백으로 갈라져서 오로지 검은색 아니면 흰색이라고 외쳐대고만 있다. 어떻게 그 많은 색깔들과 아름다움은 볼 줄 모르고 마치 색맹처럼 흑백만 있다고 고집하는가?

반드시 좌와 우가 있다면 그 사이에 좌우를 지켜내는 중심(中心=좌우, 상하를 잇는 매개체(carrier)[4] 도 있다는 것을 알아야 한다.

현재 우리사회는 좌우는 있는데 '중(中)'은 없다. 앞과 뒤는 있는데 역시 중은 없다. 슬픈 현실이다. 우리는 이쯤에서

---

4) 중심(中心)- 어느 한쪽으로 기울거나 치우치지 아니하고 고른 상태. 기울거나 치우치지 않고 균형(均衡)을 이루고 상태가 중심이다. 김충열,「김충열 교수의 중용대학강의」, 예문서원, 2007, p.48 참고인용.

중이 있고, 흑백이 아닌 무지개 같이 아름다운 또 다른 색들도 엄연히 존재한다는 것을 인정해야 한다. 그리고 그 아름다움을 보려고 색맹인 눈과 마음을 열어야 한다. 그런 마음으로 과거와의 단절이 아니라 옛것을 보고, 듣고, 느껴야 한다. 그래야 사람을 위한 미래문명창달을 이룰 수 있다.

중용 제27장의 말씀이다. '고군자존덕성이도문학. 치광대이진정미. 극고명이도중용. 온고이지신, 돈후이숭례(故君子尊德性而道問學, 致廣大而盡精微, 極高明而道中庸. 溫故而知新, 敦厚以崇禮).'이라 했다. 이 말씀은 '그러므로 군자는 덕성을 존중하고 학문에 정진해서 광대함과 정미함에 모두 이르고 고명한 경지에 도달하여 중용(中庸)의 도리를 잘 지킨다. 옛것을 배우고 익혀 새로운 것을 알고, 소박한 심성을 두텁게 하고 예절을 숭상한다.'라는 말씀이다.

우리는 새것과 옛것 사이에 있다. 옛것을 잘 모르고 새것만 안다면 현재의 위치와 전체의 중심을 정확히 볼 수가 없다. 옛것을 보지 못하면 결국은 현재도, 새것도 제대로 분별할 수가 없다. 때문에 새것에 대하여 대비하고 준비하려면 옛것부터 제대로 보고 알아야 한다. 그것이 "온고지신"의 참뜻이 아니겠는가?

그러나 혹자들은 요즘 같은 시대에 옛것이 무슨 소용이 있느냐고 비아냥거리고 반문할지는 모르겠으나 요즘과 같이 매우 복잡한 문명사회일수록 우리는 더욱 옛것을 소중히 간직하고 지켜야 한다. 그리고 반면교사(反面教師)로 삼아야한다.

비근한 예로 중국엔 수천 년간 숨겨진 대자연의 신비를 간직한 절경과 문화유산이 많다. 세계유산위원회(WHC)가 유네스코 세계문화유산에 등재한 문화재가 모두 39건에 달한다고 한다. 이토록 많은 문화재가 세계문화유산에 등재된 것은 오늘날 중국 정부가 그와 같이 옛것에 대한 소중함을 인식하고 있었기 때문에 가능한 일이다. 그들은 옛것에서 오늘에 새것을 창출해 가는데 그 소중함을 알고 있었기 때문이다.

그래서 그런가! 오늘날 글로벌시대를 맞아 중국의 정치, 경제, 사회, 문화에 있어서 그 위상과 현실을 보자. 국제사회 모두가 부러워 할 만큼 눈부시다. 결국 그런 저력이 모두 우연에 일치만은 아닐 것이다. 그들처럼 우리도 옛것에서 새것을 찾아내야 한다. 옛것을 업신여긴다면 현재 우리가 서 있는 중심을 바로보지 못하고 문명과 세상의 소용돌이에 휘말려서 제정신을 차리기 힘들다.

앞을 보아도, 뒤를 보아도 어디가 어딘지 분간이 어렵고 그렇게 길을 가다보면 미지의 길에서 미아의 신세가 될 수도 있다. 그렇게 되지 않기 위해서는 그런 지혜의 학문을 고전이라고 해서 무조건 경시하고 덮어 버릴 것이 아니다. 그것이 우리가 살아가는 21세기 문명사회에서도 그 적용이 가능하리라 믿기 때문인 것이다.

시대의 변화에 따라 삶의 겉모습은 변했지만 우리의 그 본성은 예나 지금이나 앞으로도 천년만년 변하지 않을 것이다. 때문에 우리는 과거의 학문과 역사와 문화를 탐구하는 것이며 그 유익한 자료들을 오늘날 우리의 삶에 적용하고 활용함으로써 인류사의 그 뿌리를 지속적으로 계승하고자 함이다. 더 나은 미래의 행복을 구가하려는 간절한 희망이다. 그 행복은 인류가 끝없이 추구하는 궁극적 목표이고 우리의 삶에 끝없이 값진 삶의 유산이기 때문이다. 그런 값진 삶의 유산을 미래의 후손들에게 계승해야할 책임과 의무가 우리에게 있기 때문이다.

소 잡는 칼로 닭을 잡는가?

우도할계(牛刀割鷄)

'우도할계'란? 소 잡는 칼로 닭을 잡는다는 뜻이다. 이는 작은 일에 어울리지 않게 큰 도구를 사용하는 것을 이르는 말이다. 예컨대 논두렁이 장마에 조금 끊어졌는데 하천공사에 쓰는 포크레인이나 불도저 같은 장비를 들이댄다면 제대로 일이 되겠는가? 논두렁이나 밭두렁 정도는 삽이나 가래정도면 되는 일이다. 어떤 일을 함에 있어 필요 이상으로 많은 사람이나 장비를 동원했다면 이것도 '우도할계'이다.

이것은 이처럼 지나치게 과장된 행동 따위를 비유적으로 지적할 수 있는 말이다. 서양속담에도 이와 비슷한 격언이 있다. "달걀을 깨려고 도끼를 가져오지 마라.(Send not for a hatchet to break open an egg.)" 또는 "나비를 잡으려고 총을 쏘지 마라.(Take not a musket to kill a butterfly.)"[1] 라고 했다.

1) 이동진 편저,「동서양의 고사성어」, 해누리, 2005, p. 762, 참고인용.

중용 제4장에 말씀이다. "지자과지, 우자불급야(知者過之, 愚者不及也)." 이 말씀은 "안다는 사람들은 욕심이 지나쳐서 그냥 지나쳐버리고 어리석은 사람들은 그 도리에 미치지 못함 때문이다."라는 뜻이다. 일을 함에 무조건 의욕만 크다고 되는 것은 아니다. 열정과 의욕도 좋지만 우선은 사리분별이 중요하다. 사리분멸과 자기 분수에 맞지 않는 행동은 결국 어리석음이다.

그렇다. 어찌 닭을 잡는데 소 잡는 칼을 쓰랴. 그것은 분별이 없었기 때문이다. 만일 그렇다면 소 잡는 칼이 배꼽을 잡고 웃을 일이다. 그것은 오히려 매우 불편하기만 할뿐 전혀 도움이 못된다. 그것은 용도의 남용이요, 권한의 남용이요, 힘의 남용이다. 쓰고 쓰임에는 반드시 정적한 기준과 적절한 조치가 필요한 것이다. 그래야 세상 사람들에게 비아냥거림과 웃음거리를 피해갈 수 있다.

특히 권력의 칼이란? 누구의 손에 들리던 간에 그 권력의 칼을 손에 한 번 쥐기만 하면 위고, 아래고 마음껏 휘둘러보고 싶은 것이 인간의 본능인가 보다. 그러나 그런 권력에서 그런 마음에 유혹을 마음으로부터 떨쳐내지 못한다면 그 권력은 매우 위험한 칼이 될 것이 분명하다.

칼을 사용함에 있어서 소를 잡던 닭을 잡던 간에 우린 작은 칼조차도 제대로 사용할 줄 모르면서 큰칼을 욕심내고 갖기를 원하고 있다. 또한 작은 칼도 매우 조심스럽게 다루지 않으면 다치기가 십상이다. 그래서 칼은 늘 두려움에 대상인 것이다. 또한 아무리 작고 보잘 것 없는 칼이라도 그 사용 목적에 따라 유용하게 쓰이기도 하지만 마음 한번 잘 못 먹으면 끔찍한 흉기가 되어 영원히 돌이킬 수 없는 범법자가 될 수도 있는 것이다. 때문에 우린 늘 그것(칼=권력)을 조심하고 두려워해야 한다. 하물며 그럴진대 큰칼을 손에 쥐었다 해서 마구 휘둘러대면 당연히 불상사가 생기게 마련이 아닐까?

칼이 크면 클수록 그 힘과 위력은 엄청난 것이다. 때문에 특히 나라에 권력을 가진 공직자들은 그 큰 공권력의 칼을 반드시 용도에 맞게 사용하고 잘 관리하여야 할 책임과 의무가 있다. 그것은 대통령도 마찬가지다. 대통령이라고 해서 국법을 초월할 수는 없다. 대통령이 권력의 칼을 용도에 맞지 않게 휘두르면 이 나라에 모든 국민이 불행에 빠지게 되는 것은 자명한 일이다.

먼저 소를 잡을 것인지, 닭을 잡을 것인지를 분명히 하고 칼도 그 대상에 꼭 맞는 칼을 써야 한다. 그래야 힘의 낭비와 국력의 소진도 최소화할 수 있고 그 파장을 억제할 수 있기 때문이다. 그리고 본의 아닌 사고를 미연에 방지할 수도 있다.

중용 제2장에 보면 '군자지중용야, 군자이시중(君子之中庸也, 君子而時中)'[2]이라 했다. 군자가 중용의 도리를 잘 실천할 수 있는 까닭은 적시(適時)에 적합(適合)한 행위를 하기 때문이라는 점이다. 즉, 첫째는 알맞은 때의 알맞은 선택으로 이르지도 않고 늦지도 않은 그 때를 맞추는 것이다. 둘째는

2) 君子之中庸也, 君子而時中, 중용 제2장 원문의 말씀이다. '군자가 중용을 지킴은 군자는 알맞은 때를 가려 일을 하고 견지하기 때문이다.'라는 말씀이다.

그 알맞은 때에 맞춰서 알맞은 행위의 선택을 하기 때문이다. 모든 일에는 그 개개의 상황이 있는 것이고 그 상황과 여건에 맞게 과하지도 모자라지도 않으며, 그 어느 한쪽으로도 기울어지지 않게 그 행위의 강약을 조절할 수 있기 때문이다.

비단 이와 같은 것은 군자만이 행할 수 있는 어려운 것이 아니다. 사람은 누구나 남녀노소를 막론하고 얼마든지 실천이 가능한 것이다. 조금만 신중하고 경솔하지 않으면 얼마든지 지혜롭게 실천이 가능한 일이다. 그것이 우리의 일상에서 자연스럽게 이루어지면 되는 것이다.

이처럼 소를 잡을 것인지, 닭을 잡을 것인지 알맞은 때에 알맞은 방법으로 알맞게 행동할 수 있다. 만일 이때에 닭을 잡겠다고 하면서 소 잡는 칼을 손에 든다면 알맞은 방법과 알맞은 행동이 될 수 없지 않는가? 이것이 마땅히 행해져야할 일임에도 이것을 그르치는 사람은 매우 어리석은 우자가 되고 마는 것이다.

이처럼 무슨 일이든 균형과 조화를 이룰 때 결과는 자연스러운 것이며 그 자연스러움(중용)의 꽃이 우리의 현실에서 아름답게 피어날 때 우리의 삶은 편안하고 행복할 수 있다. 때문에 우린 그런 기본원칙을 중시하는 마음의 자세를 잃지 말아야 한다. 그것이 우리의 삶과 일상에서 말하는 균형과 조화이고 이것이 중용의 참뜻이라 할 수 있다.

참되고 참된 자유로운 마음의 정신과 기운

호연지기(浩然之氣)

호연지기浩然之氣란? 《맹자》의 공손추(公孫丑) 상편에 나오는 말로 '사람의 마음에 넓고, 크고, 올바른 기운이 하늘과 땅 사이를 가득 채울 만큼 넓고 커서 어떤 일에도 굴하지 않고 맞설 수 있는 당당한 기상(氣像)'이라했다.

넓고 큰 기운이란? 인간적 도의에 바탕을 둔 도덕적 품성과 성정 그리고 용기를 말한다. 이는 중국의 사상가 맹자께서 말씀하신 인격의 이상적 기상으로 '거침없이 넓고 큰 기개'의 의미를 가진다. 이것은 인간 본성의 함양에 대한 맹자의 지고지순한 견해이다. 지극히 크고 굳세며 곧은 마음으로 진취적 기상의 바탕이 되는 것을 말한 것이다.

이 말은 맹자의 제자인 공손추가 맹자의 장점을 묻는 물음에 맹자가 답하기를 "나는 남의 말을 알며, 나는 나의 '호연지기'를 잘 기르고 있다."고 대답한 데서 유래한 유명한 고사 성어이다. 공손추가 "무엇을 호연지기라 합니까?"하고 묻자 맹자는 다음과 같이 대답하였다. “설명하기는 어려우나 그 기운은 대단히 크고 강한 것으로서 그것을 곧게 길러서 해(害)가되지 않는다면 천지를 가득 채운다. 그 기운 됨은 정의와 도(道)에 맞는 것으로 올바름을 떠나면 시들고 만다. 그 기운은 내안에 있는 옳음이 모여서 생겨나는 것인데 밖에서 옳음이 들어와 취해지는 것이 아니다. 행동이 만족스럽지 못하면, 곧 그 기운은 시들고 만다.”라고 하였다. 이것은 공명정대하며 부끄러움이 전혀 없는 넓고 큰마음에서 비롯됨을 말하는 것이다.

중용 제20장에 말씀이다. ‘성자천지도야, 성지자인지도야. 성자불면이중, 불사이득, 종용중도, 성인야. 성지자, 택선이고집지자야(誠者天之道也, 誠之者人之道也. 誠者不勉而中, 不思而得, 從容中道, 聖人也. 誠之者, 擇善而固執之者也).’이라. 이 말씀은 ‘성(誠)은 하늘의 도리이고, 성(誠)을 이루는 것은 사람의 도리이다. 성(誠)한 자는 힘쓰지 않아도 마음속에 있고, 생각하지 않아도 얻어지며, 자연스럽게 중용의 삶을 살아가고 그런 사람이 성인이다. 성(誠)을 행하려는 사람은 선으로 가는 가장 좋은 길을 선택하여 그것을 굳게 밀고 나가는 자이다.’라는 말씀이다.

도(道)는 사람으로서의 마땅한 도리이다. 선(善)은 하늘의 본성으로서 더할 수 없이 선한 지고지선(至高至善)이다. 성(誠)은 하늘의 본성으로서 꾸밈없이 진실 된 사람의 품성이며 종용(從容)은 유연한 자연스러움이다. 성·선·도(聖·善·道)는 우리의 참된 마음과 정신의 기운이다.

이처럼 일상에서 도의를 무시하고 도덕적 용기와 기개가 없는 사람은 이 '호연지기'를 논할 자격이 없다. 남을 비판하기 이전에 먼저 남의 비판을 겸허히 받아드리고 반성할 줄 알아야 진정 도의에 용기가 있는 사람이기 때문이다. 올바름과 도의에 바탕을 둔 도덕적 용기와 기운이 한없이 크고 넓다는 뜻이다. 이것은 그 어떤 좌우의 집착과 편견도 아니다. 또한 크고 작음에 관계없이 자유로운 의식과 마음이 '균형과 조화'[1]의 중심을 이루고 있다는 의미이다.

이 '호연지기'야말로 21세기 최첨단 과학문명이 꽃피는 이 시대의 현대인들에게 진정한 자유와 호연지기의 의미를 되새기고 그 본질이 무엇인지 사유케 하는 말이다.

최근 우리사회의 인문학에서 '정의'란 무엇인가에 대한 화두와 함께 관심이 대두되고 있다. '정의란?' 사회를 구성하고 유지하기 위해 사회구성원들이 공정하고 올바른 상태를 추구해야 한다는 가치이며 법률에 대부분이 이것에 포함되는 이념이고 이와 같이 정의되는 뜻이다. 또한 사회통념, 사회적

---

1) 균형과 조화- "진실로 삶은 놀라움이요. 신비다. 인생만이 삶이 아니라 새와 꽃들, 나무와 강물, 별과 바람, 흙과 돌 이 모두가 삶이다. 우주 전체의 조화가 곧 삶이요, 생명의 신비다. 삶은 참으로 기막히게 아름다운 것. 누가 이런 삶을 가로막을 수 있겠는가. 그 어떤 제도가 이 생명의 신비를 억압할 수 있단 말인가." 법정스님, 「맑고 향기롭게」, 조화로운삶, 2006, pp, 47~48 참고인용. 즐겁고 명랑한 생활이 곧 삶의 리듬이요, 무게다. 즐거움이 없는 곳에는 진정한 삶도 있을 수 없다. 법정스님,「맑고 향기롭게」, 조화로운삶, 2006, p, 21 참고인용. 균형이란? 어느 한쪽으로 기울거나 치우치지 아니하고 고른 상태이다. 그것은 동심을 태우고 오르내리는 시소와 같다. 그것은 저울대가 가장 알맞은 상태에 놓여 있을 때의 평일(平一)한 상태이다. 우주의 가장 건전한 운행은 형평이요, 가장 충실한 생성은 조화이다. 김충열,「김충열 교수의 중용대학강의」, 예문서원, 2007, pp,107, 112 참고인용.

타당성, 신의성실, 사회질서, 형평, 이성과 같은 것들에 있어서 체계적 조화와 법의 일반원칙 등의 낱말과 언어로 우리의 일상에서 표현되고 사용되는 말이다. 이렇게 사회질서를 정립하고 사람과 사람 사이에서 균형을 이루고 유지하는 기능적 이론과 원리를 가진 것이 바로 우리가 말하고자하는 "정의"의 한 개념인 것이다.

플라톤은 이런 정의를 덕목, 즉 도덕적, 윤리적 원리로 파악하기도 했다. 이 정의의 문제를 체계적으로 구축한 최초의 철학자는 아리스토텔레스였다. 그는 우리사회의 정의를 사회적 원리로 이해했으며, 배분적 정의와 평균적 정의로 구분하기도 했다. 근대에 와서 정의는 계몽주의적 영향으로 '평등원리'로서의 측면이 강조되었는데 현대사회에 들어와서는 정의는 다시 과학적 입장에서 비판되기도 했고 이제는 법철학의 틀에서나 주목 되는 현실이다.

이것은 사회정의가 주목받지 못하는 현실에서의 정의는 무엇이고 그 실체는 어떤 것인가에 대한 사회적 논란을 불러올만 한 것이다.

그 동안 얼마나 우리사회의 정의가 설자리를 못 서고 불의에 눈치를 살펴야 했는지. 그럼 '불의'란 무엇인가? 그것은 신의, 의리, 도의, 정의 따위에 어긋나는 반정의 이다. 권력과 힘 있는 자들에 의해 신의성실이 불신과 배반으로 상처받고, 사회질서가 혼란과 무질서로 불안해지고, 불균형과 부조화로 형평성이 상실되고, 사회적 통념과 이성이 무시되는 반사회적, 반정의적 현상으로 불공정이 정의를 좀먹고 무력화

하는 것이 불의다.

불의를 저지르고, 정의에 항거하고, 식자들이 지식을 악용하고, 자연스러움을 인위적으로 왜곡시켜서 낯설고 부자연스럽게 했다. 불공정하고 부당한 방법으로 사익을 도모하고 절망하는 사람들에 몫인 반사이익을 챙기는 자들로 인해 어렵고 힘없는 선민들조차 절망의 늪에서 울부짖으며 그들을 닮아 가겠다고 하고 있지 않는가.

이런 현상은 세계가 공통적으로 겪고 있는 현상들이다. 이런 점에서 인간은 점점 메말라가는 정의에 갈증을 느끼게 되었는지 모르겠다. 이제 더 이상 불의에 밀려 물러설 수 없는 것이 정의다. 이제 물질의 욕망으로 잃어버린 우리 인간의 올바른 정서를 다시 되찾으려면 '호연지기'의 넓고 큰 기운과 도의에 바탕을 둔 도덕적 용기를 우리 가슴속에 씨 뿌리고 싹 틔워야 미래사회의 행복에 열매를 만들어갈 수 있다.

그렇게 하기위해서는 늘 우리에게 길들여진 습성을 고쳐야 한다. 우리는 산을 바라보되 숲은 보지 않고 근사하게 우뚝 솟은 나무와 바위만을 바라보고 있다. 그 숲속에 맑은 물이 있고, 무수한 생명이 있고, 자연의 숨소리와 같은 바람이 있고, 그 아름다운 생명의 소리가 있다는 것을 잊고 있다.

그 속에 자연의 희로애락이 있고, 그 속에 자연의 중심이 있고, 우리 인간의 본성과 삶의 '조화로움과 균형'이 되는 중심이 있음에도 그것을 보지 못하고 그 중심이 어디에 있는지, 그 중심의 모양과 색깔, 그 중심의 말과 소리 같은 것들은 어떤 것인지 그것을 보려하지 않고 외면하고 있다. 보기 쉬운 앞만 보고 달려간다. 좌우도 있고, 위아래도 있다는 것을 까맣게 망각하고 있다.

모든 사물에는 그 사물에 생을 이루는 중심이 있고 모양과 성질의 진화에 따라서 균형과 조화의 축을 이루고 있는 것이다. 때문에 자연에서 사람이 진정한 자유를 느끼고 즐기려면 '참된 자유'를 알아야 한다. 어쩌면 그것이 '호연지기'에 이르는 것인지도 모르겠다. 그래서 맹자께서는 자기의 장점이 남의 말을 알아듣고 '호연지기'를 잘 기르는 것이라 했을 것이다.

서양속담에 "정신이 바로 사람이다.(The mind is the man.)"라고 했다. 또한 "참된 사람은 아무도 미워하지 않는다.(A true man hates no one.)"[2] 라고 나폴레옹은 말했다. 인간에게 이토록 고결한 정신이 없다면 이는 만물에 영장이 되지 못했을 것이다. 사람에게 사람다운 인간의 정신이 없다면 그것은 금수와 다를 바가 없는 것이다. 인류가 이룩한 찬란한 창조적 문명도 한낱 허상의 불과할 것이다.

넓고 큰 기운으로써 도의에 바탕을 둔 도덕적 용기를 가지고 문명과 문화의 창조가 이루어질 때 우리 인간은 미래사회의 행복을 드디어 만끽할 수 있으리라.

---

2) 이동진 편저,「동서양의 고사성어」, 해누리, 2005, p. 772, 참고인용.

사물과 자아가 하나가 된 나비의 꿈

호접지몽(胡蝶之夢)

춘추전국시대 때의 일이다. 장자(莊子)가 어느 날 꿈을 꾸었는데 그는 꿈속에서 나비가 되어 꽃들 사이를 즐겁게 날아다녔다 한다. 그러다 문득 눈을 떠보니, 자신은 틀림없이 인간 장주(莊周)였다. 그러나 이것이 장주가 꿈속에서 나비가 된 것인지 아니면 나비가 꿈속에서 장주가 되었든 것인지는 모를 일이었다. 이 때 장자가 말하기를 "현실의 모습으로 얘기하자면 나와 나비 사이에는 확실히 구별이 있다. 하지만 이것은 물(物)의 변화, 현상계(現象界)에 있어서의 한 때의 모습일 뿐. 천지는 나와 나란히 생기고, 만물은 나와 하나다"라고 말했다 한다.

우주의 중심이 생명이요, 생명의 중심이 우주이다. 따라서 천지는 물론 만유(萬有)의 관계도 끊을 수 없다. 중용 제26장 원문에 말씀이다. '천지지도, 가일언이진야. 기위물불이, 즉기생물불측(天地之道, 可一言而盡也. 其爲物不貳, 則其生

物不測).'이라. 이 말씀은 '천지의 도(道)는, 한 마디로 말한다면, 그 물(物)은 둘이 아니다. 그러므로 그 만유생성은 측량이 되지 않는다.'는 말씀이다.

그와 같은 만물일체의 절대경지에서 말한다면 장자도 나비도 꿈도 현실도 생(生)도 사(死)도 구별이 없는 것이라 할 수 있겠다. 즉, 그 보이는 것들은 자연만물 변화에 따라 생성되는 것에 불과한 것이리라. 이처럼 피아(彼我)의 구별을 잊어버리고 이처럼 외물(外物)과 자아, 객관과 주관, 또는 물질계와 정신계가 한데 어울려서 하나가 되는 경지를 비유해 "호접지몽"이라 했는가? 또한 인생의 덧없음을 비유적으로 쓴 말일수도 있다.

외국속담에 "생각과 꿈은 우리 존재의 기초다.(Thoughts and dreams are the foundations of our being.)"라고 했고, 스페인의 정치가인 칼데론은 "인생은 꿈이다.(Life is a dream.)"라고 했다. 또 프랑스에선 "오늘은 왕, 내일은 허무.(Today a king, tomorrow nothing.)"[1]라는 속담이 있다.

이처럼 인간의 삶은 허무의 시각으로 보는 것과 존재의 가치와 희망으로 인식하는 시각이 공존하고 있다. 그러나 존재의 가치로 보는 것도 꿈이고, 허무로 보는 것도 꿈에 대한 인식이다. 꿈은 수면할 때 경험하는 일련의 영상, 소리, 생각, 감정 따위의 느낌을 말하지만 현대사회의 인간들에겐 희망사항, 목표와 같은 것을 일컫는 말로써 꿈(dream) 자체가 우리의 삶이고, 꿈이고, 현실이다.

---

1) 이동진 편저,「동서양의 고사성어」, 해누리, 2005, p, 774, 참고인용.

오늘은 오늘이고, 내일은 내일이다. 따라서 어제도 사람이고, 오늘도 사람이고, 내일도 사람이다. 꿈은 꿈이고 , 현실은 현실이다. 그러나 꿈은 현실 가운데 있는 것이고 현실은 꿈 가운데 있는 것이다. 우주 가운데 생명이 있는 것이고, 생명 가운데 우주가 있다. 우주의 중심이 생명이요, 생명의 중심이 우주[2]이다.

이렇듯 오늘이 있으면 꿈이 있는 것이고, 그 꿈이 있으면 내일이 있는 것이다. 따라서 자연 속에 있는 나의 꿈과 나의 현실은 우리의 마음가운데서 계속 살아 움직이는 또 하나의 다른 생명체[3]와 같은 것이다.

때문에 내가 살아 있는 한 나는 계속해서 미래에 대한 꿈을 꿀 것이고 그 꿈이 없으면 내가 살아 있어도 난, 사는 것이 아니다. 그러나 그 꿈을 갖고 살아도 다 진몽(眞夢)은 아니다. 매일 밤 꿈을 꾸어도 개꿈만 반복하면 꿈의 의미가 없다. 꿈은 현실로 승화되어야 한다. 내가 어렸을 때 대통령이 되고자하는 꿈을 꾸었다면 아마 대통령은 아닐지라도 대통령을 보좌하는 사람정도는 되었을지도 모를 일이다.

그러나 난 대통령의 꿈을 갖지도, 꾸지도 못했다. 그러니 이 현실에서 어찌 대통령이 될 수 있으랴. 그러니 반드시 꿈은 꾸어야 한다. 끝내 꿈에서 깨어 허무가 될지라도. 꿈은 이

---

2) 중용 제1장 원문 말미에 말씀이다. 致中和, 天地位焉, 萬物育焉! 중화(中和)에 이르는 것은 천지음양이 작용하여 만물을 생육하는 것이다. 삼재지도(三材之道)는 천지인(天地人)이다. 김충열,「김충열 교수의 중용대학강의」, 예문서원, 2007, p,58 참고인용.

3) 법정스님,「맑고 향기롭게」, 조화로운삶, 2006, p, 164 참고인용.

룰 수도 있고, 이루지 못할 수도 있는 것이 꿈이다. 그 꿈을 현실로 만들려면 꿈을 꾸고 깨어봐야 이것이 꿈인지, 현실인지 알 수 있다. 그것이 우리 인간의 삶이고 그 꿈이 현실이 되는 순간 우리의 삶에 보람과 행복을 비로소 갖게 된다.

그 꿈에서 일어나는 일들이 종종 현실에서도 일어나지만 이는 매우 어려운 것들이다. 그 대부분은 꿈을 꾸는 사람이 스스로 제어할 수 없다. 그것은 우리의 삶도 마찬가지다. 다만 그 꿈이 이루어지도록 최선의 노력을 할 뿐이다. 그러나 많이 반복하고 연습하면 그 꿈을 제어할 수도 있다고 전문가들은 말한다.

때로는 꿈속에서 본인들이 꿈이라는 것을 의식하기도 하며, 꿈이 진행되는 환경을 바꾸기도 한다고 한다. 이런 꿈을 '명석몽' 또는 '자각몽'이라 하고 꿈을 꾸었을 때 일어난 일이 현실에서 일어나는 경우를 '예지몽'이라고 한다. 그리고 꿈은 일반적으로 사람만이 꿈을 꾼다고 하나 개나, 고양이와 같은 동물들도 꿈을 꾼다고 한다.

꿈에 대한 연구가 프로이트는 꿈의 잠재적인 의미를 알아내기 위해서 꿈에 관한 자유로운 연상을 하도록 했는데 정신분석가들은 이 자유연상을 분석하고 환자의 개인적인 욕구를 이해함으로써 꿈의 의미를 판정해나간다고 한다. 한편 카를 융은 꿈이란 잘 드러나지 않는 사람의 성격을 일깨워서 "정신과 감정에 균형을 유지해주는 것"이라고도 했다. 이렇게 꿈은 프로이트의 주장처럼 금지된 욕구를 감추거나 위장하기 위한 것이 아니라 평소에 주목받지 못한 영역에서 주의를 기울이기 위한 인간의 잠재의식 같기도 하다.

이렇게 꿈은 대부분 일상적인 환경을 배경으로 하고 있고 시각적 영상을 수반하는데 이에 밝혀진 바에 의하면 시각적인 꿈은 급속안구운동과 뇌파 활동증가와 관련한 현상이고 이런 꿈을 꾸다가 깨면 대부분 약 80% 정도를 기억하게 된다고 한다. 그밖에 잠자는 동안 경험하는 것이 다양하나 이중에는 악몽을 비롯해 몽정 등 성적 행위와 몽유병도 있다.

옛날 사람들은 특히 꿈이 미래에 일어날 일들을 예언한다고 믿었고 고대 이집트의 12대 왕조(BC 1991~1786) 때부터 꿈의 해석들이 기록되었다고 한다. 고대 문헌이나 종교 문헌 속에는 메시지를 전달하는 꿈에 대한 믿음이 가장 많이 나타나는데 대개 신이나 다른 존경하는 사람(대개는 영웅이나 성직자)이 꿈속에 등장하여 위기에 몰린 사람에게 메시지를 전달해준다.

신약성서나 구약성서에서도 종종 이와 비슷한 내용들을 볼수가 있다. 모르몬교의 창시자인 조지프 스미스는 꿈속에 천사가 나타나서 아메리카 인디언이 야곱의 12명의 아들인 이스라엘 12지파(支派)의 후손임을 밝히는 '황금판'이 묻힌 장소를 가르쳐 주었다고 전해진다.

그러나 꿈의 예언들이 모두 쉽게 받아들여지는 것은 아니며 일반적으로 꿈을 해석하는 것은 천차만별인데 그 꿈을 중요하게 여긴 문화권에서는 성직자나 그 사회집단에 장로 또는 주술사 등이 꿈을 해석하는 일을 맡았다고 한다. 요즘에도 꿈에 관한 책은 연애나 도박, 건강 · 일 등에 관해서 꿈을 중시하는 사람들 사이에 널리 읽혀지고 있다.

장자는 자신의 이름을 딴 저서 〈장자〉 또는 〈남화진경(南華眞經)〉으로도 많이 알려져 있다. 후대의 학자들은 장자의 위치를 도가사상의 원류로 끌어올렸다. 불교, 특히 선(禪) 불교의 학자들도 장자의 책을 많이 인용했다고 한다. 사기열전에 의하면 장자의 가르침은 주로 노자의 말을 인용한 것이지만 장자가 다룬 주제가 훨씬 광범위했고 개인의 안락함이나 대중의 존경 따위에는 전혀 신경 쓰지 않은 인물로 예측불허의 괴팍함을 가진 성인으로 알려지기도 했다. 그의 의복은 거칠고 남루했으며 신발은 떨어져나가지 않게 끈을 발에 묶고 다녔다. 그러나 그는 자신이 비천하거나, 가난하다고 생각하지 않았다고 한다.

그의 친한 친구인 혜시(惠施)가 부인의 상(喪)을 당한 장자를 조문하러 갔을 때 일이다. 장자는 돗자리에 앉아 대야를 두드리며 노래를 부르고 있었다고 한다. 혜시가 이에 놀라서 장자에게 평생을 같이 살고 아이까지 낳은 아내의 죽음을 어떻게 이럴 수 있느냐고 따지자 장자는 다음과 같이 말했다고 한다. "아내가 죽었는데 이럴 때 내가 왜 슬프지 않겠는가? 그러나 다시 생각해보니 아내에게는 애당초 생명도 형체도 기(氣)도 없었다. 유(有)와 무(無)의 사이에서 기가 생겨났고, 기가 변형되어 형체가 되었으며, 형체가 다시 생명으로 모양을 바꾸었다. 이제 그런 삶이 변하여 죽음이 되었으니 이는 춘하추동의 4계절인 순환과 다를 바가 없다. 그래서 아내는 지금 우주 안에 잠들어 있는 것인데 내가 슬퍼하고 운다는 것은 자연의 이치를 모른다는 것과 같지 않는가? 그래서 나는 슬퍼하기를 멈춘 것이다"라고 했다 한다.

또한 장자의 임종에 즈음하여 제자들이 그의 장례식을 성대히 치르려고 의논하고 있었는데 그것을 들은 장자는 "나는 천지로 관(棺)을 삼고 일월(日月)로 연벽(連璧)을, 성신(星辰)으로 구슬을 삼으며 만물이 조문객(弔問客)이다. 이 모든 것이 다 구비되어 있는데 더 이상 무엇이 필요한가."라고 말했다 한다. 그리하여 의논이 즉시 중단되었고 이에 깜짝 놀란 제자들은 매장을 소홀히 하여 까마귀와 솔개의 밥이 될 우려가 있다고 말했으나 이에 대해서도 장자는 다음과 같이 말했다. "땅 위에 있으면 까마귀와 솔개의 밥이 되고, 땅속에 있으면 땅속의 벌레와 개미의 밥이 된다. 까마귀와 솔개의 밥을 빼앗아 땅속의 벌레와 개미에게 준다는 것은 공평한 처사가 아니니다."[4] 라고 했다 한다.

위와 같이 장자의 기괴한 언동은 그의 숙명론에 대한 깨달음과 직관(直觀)이다. 장자는 인생의 모든 것이 하나, 즉 도(道)로 통한다는 것을 깊이 인식한 깨달음에 결과가 아닌가 한다. 장자는 말로 설명하거나 배울 수 있는 도는 진정한 도가 아니라고 가르쳤다.

도는 시작도 끝도 없고 한계나 경계도 없다. 인생은 도의 영원한 변형에 따라 흘러가는 것이며 도(道) 안에서는 좋은 것, 나쁜 것, 선한 것, 악한 것이 따로 없다. 사물은 저절로 자연스럽게 흘러가도록 내버려두어야 한다. 어떤 식이든 부

4) 브리태니커, 중국 사상가, 장자, 참고인용.

자연스럽지 않은 것. 오직 그것만이 영원히 그대와 함께 남아 있을 수 있다.[5] 자연스러움, 즉 그것은 '조화와 균형'이며 '행복의 중심'이다. 사람들은 이 상태가 저 상태보다 낫다는 가치판단을 해서는 안 된다. 참으로 덕이 있는 사람은 환경, 개인적인 애착, 인습, 세상을 낫게 만들려는 욕망 등의 집착에서 벗어나 자유로워져야 한다. 그의 인식에 대한 철저한 상대성은 아래 나오는 '호접지몽(胡蝶之夢-나비의 꿈)'에서도 잘 나타나고 있다.

"언젠가 나 장주는 나비가 되어 즐거웠던 꿈을 꾸었다. 나 자신이 매우 즐거웠음을 알았지만, 내가 장주였던 것을 몰랐다. 갑자기 깨고 나니 나는 분명히 장주였다. 그가 나비였던 꿈을 꾼 장주였는지, 그것이 장주였던 꿈을 꾼 나비였는지 나는 모른다. 장주와 나비 사이에는 어떤 차이가 있음은 틀림없다. 이것을 일컬어 사물의 변환이라 한다."[6]

이처럼 장자의 철학과 사상은 '만물의 통일성'과 밀접하게 연관되어 있다. 도가 어디에 있느냐는 질문에 대해서도 장자는 '도가 없는 곳이 없다'고 대답했다. 중국불교에서도 잘 나타나고 있다. 예를 들어 '모든 만물엔 다 불성(佛性)이 깃들어 있다'고 한 것과 같은 것이다.

장자는 이렇게 인류사의 무애자재(無碍自在)의 도를 깨친 위대한 사상가 중에 사상가가 이다. 이 또한 꿈과 현실에서 그 이상의 중심을 잃지 않으려는 '포용과 통찰'인 것이고 '균형과 조화'에 가치를 찾고자 했던 것이 아닐까?

---

5) 오쇼 · 류시화 옮김,「장자, 도를 말하다」, 청아출판사, p. 12 참고인용.
6) 브리태니커, 중국 사상가, 장자, 참고인용.

우리 모두의 희망이 될 찬란한 꿈
화서지몽(華胥之夢)

꿈(dream), 사람은 자신의 꿈을 이루기 위해 평생을 바친다. 이 꿈을 이루기 위해 날마다 희망의 꿈을 꾼다. 이 꿈을 꾸지 못하면 우리의 잠속도 매우 허전하다. 동지섣달 길고 긴 밤 아무리 잠을 잘 잤어도 꿈 한번 꾸지 않고 깬다면 잠을 잔 것인지, 죽었다 깨어난 것인지 분간이 가지 않고 왠지 허전하다.

한때 꿈 많던 청년시절에 현실의 꿈과 잠속에 있는 꿈과 간혹 혼동을 하던 때도 있었다. 그 때는 꿈을 안 꾸는 날보다 꿈꾸는 날이 더 많았든 때다. 그런 까닭에 웬만한 꿈 해몽은 필자 스스로 한다. 그러나 혹자들은 꿈꾸는 것을 그리 반기지 않는 편이다. 아마 그것은 흉몽이나, 악몽을 꾸지 않을까하는 선험적 두려움 때문이다. 꿈자리가 뒤숭숭하면 불길한 일이 닥칠 것이란 예감과 그것을 막연히 믿기 때문이다.

그러나 간혹 꿈 때문에 재수가 좋았느니, 나빴느니 하기도 한다. 추진하던 일이 난항을 겪기도 하고 예상 밖으로 술술 잘 풀리기도 한다. 그런 것들이 다 꿈 때문이라고들 믿기도 한다. 그러나 분명한 것은 꿈 때문에 좋은 일과 나쁜 일이 생기는 것은 아니다. 꿈이 먼저냐 현실이 먼저냐 하고 논란이 있을 수 있지만 우리의 삶에 있어서 어떤 결과는 반드시 그 이전에 원인과 행위가 있었기 때문이다.

그 원인과 행위의 시작을 적절한 때에 잘 맺으면 어떤 일이든지 그 결과가 좋을 것이다. 단, 그 좋은 결과를 만들어내는 원인과 행위에 대하여 미처 우리가 쉽게 알지 못했음 때문이다.

중용 제2장에 보면 '군자지중용야, 군자이시중(君子之中庸也, 君子而時中)'[1]이라 했다. 군자가 중용의 도리를 잘 실천할 수 있는 까닭은 적시(適時)에 적합(適合)한 행위를 하기 때문이다. 이처럼 누구든지 우리의 삶에도 이렇게 행운과 복을 지을 수 있는 계기와 시의적절한 때가 있게 마련이다.

먼 옛날 중국 최초의 성천자(聖天子)로 알려진 황제 공손헌원(黃帝 : 公孫軒轅)은 어느 날, 낮잠을 잤다. 그런데 꿈속에서 화서(華胥)라는 나라로 놀러 갔는데 그 곳에서 안락하고 평화로운 이상향(理想鄉)의 세계를 보았다[2]. 그 곳에는 통치자도, 신분의 상하도, 연장(年長)자의 권위도, 모두 없었다고 한다. 백성들은 욕망도, 애증(愛憎)도, 이해(利害)의 관

---

1) '君子之中庸也, 君子而時中' 군자가 중용을 지킴은 군자는 알맞은 때를 가려 일을 하고 견지하기 때문이다. 이 말씀은 중용 제2장 원문의 말씀이다.
2) 다움, 지식, 고사성어-화서지몽이란?, 참고인용.

념도, 없을 뿐 아니라 삶과 죽음에 대한 불안도 없이 모든 것을 초월한 자연 그대로였다고 한다. 물속에 들어가도 빠져 죽지 않고 불 속에 들어가도 타 죽지 않으며 공중에서 잠을 자도 침대에 누워 자는 것과 같았고 걸어도 땅 위를 걷는 것과 같이 똑같았다. 또한 사물의 미추(美醜)도 전혀 마음을 동요시키지 않았고 험준한 산골짜기도 보행을 어렵게 하지 않았다.

형체를 초월한 자연 그대로가 자유였고 모든 것이 충만한 이상향이었고 한다. 그러나 결국 황제는 꿈속에서 깨어나고 말았는데 황제는 번뜩 깨닫는바가 있어 즉시 신하들을 불러 모았다. 그리고 꿈 이야기를 했다. “짐(朕)은 지난 석 달 동안 방안에 들어앉아 심신 수양에 전념하며 사물을 다스리는 법을 터득하려 했으나 끝내 좋은 생각이 떠오르지 않았었소. 그런데 짐은 이번 꿈속에서 비로소 그 도(道)라는 것을 터득한 듯싶소.”라고 말했다. 그 후 황제(黃帝)가 ‘도(道)’의 정치를 베푼 결과 천하는 그야말로 태평성대였으며 그때부터 “화서지몽”이 후세에 전해 내려왔다고 한다.

나이지리아 속담에 “잠을 자지 않으면 꿈도 없다.(No sleep, no dream.)”[3] 라는 속담이 있다. 그러나 ‘깨어 있지 않으면 이상도 없다’라는 것이 필자의 생각이다. 우리는 늘 깨어 있어야 한다. 우리의 현실을 한번 보라! 꿈꾸는 세상 같지 않는가? 자고나면 어이없는 일들이 수없이 거품처럼 일어났다가 또 자고나면 또 다른 황당한 일들이 꼬리를 물고 먼저 것은 또 우리의 기억에서 꿈처럼 잊힌다. 미래에 대한 이상

3) 이동진 편저,「동서양의 고사성어」, 해누리, 2005, p. 780, 참고인용.

을 활짝 품고 꿈을 꾸되 현실엔 깨어 있어야 한다는 말이다.

현실에서 깨어 있으려면 먼저 마음의 중심을 잡아야하고, 그 중심을 잡는다는 것은 나의 '가운데 마음(본성=참마음)'을 외부로부터 균형을 잡고 굳건히 지켜내는 일이다. 그러나 현실에 잠들지 않고 있어도 우리의 현실은 늘 꿈속마냥 종잡을 수가 없고 그 길몽과 흉몽 사이에서 늘 불안해야 하는 것이 우리 현대인의 삶이다.

특히 우리사회의 지도층에서 깨어있어야 한다. 문명은 찬란하지만 꿈속 같은 현실에서 모든 사람들이 꿈속 같은 꿈을 꾸고 있다. 그런데 현대에선 공손헌원 황제처럼 "화서지몽"에 꿈을 꾸고 애국애민의 정신으로 올바른 정치를 해보겠다고 하는 지도자들은 아쉽게도 좀처럼 찾아보기가 어려울 듯 싶다.

국회에서 인사청문회를 한다고 야단법석이긴 한데 제대로 검증이 되고 있는 것인지도 의문이고 검증대상자들도 어쩌면 그리 한 결같이 자격불량에 자격미달인지 모르겠다. 그러니 권력의 주변엔 칡넝쿨처럼 설왕설래 말이 엉켜서 시작과 끝을 찾기 어렵고 웃자란 쑥부쟁이만 무성하게 자라니 앞으로 국민들은 두 눈 크게 부릅뜨고 두고 볼일이다.

설령 그들이 "화서지몽"을 꿈꾼다 해도 올바른 도를 깨쳐 얼마나 이 나라의 백성을 행복하게 할 수 있을까? 이 나라의 백성들을 행복하게 하기는커녕 자신들에 영달과 이익 챙기기에 아마 여념이 없으리라. 그렇다면 그런 지도자들은 차라리 없느니만 못하다.

군자지도(君子之道)[4]의 뜻과 정신이 없는 지도자는 온갖 욕망을 채우려 혈안이 되고 그 욕망을 채우기 위해 온갖 제도와 규칙을 바꾸고 그 욕망이 이루어지도록 통제와 통치의 시스템을 강화하는 법이다. 그래야 비로소 욕망에 목적을 달성할 수 있기 때문이다.

그러나 아무리 그래도 인간에 욕망을 누구나 다 채울 수 있는 것은 아니다. 사람됨에 그 중심을 잃지 않고 그 목적을 이루기란 쉽지 않다. 때문에 부도덕한 위정자들이 이 '균형과 조화'를 무시한 채 사리사욕과 목적달성에만 온갖 열정을 쏟는 과오를 범하는 것이 아닐까. 그러나 그런 것들이 우리사회와 미래발전에 얼마나 많은 오류와 시행착오를 부르는지 생각해볼 일이다. 공정사회의 질서를 훼손하는지, 사람과 사람 사이에 관계를 불신토록 하는지, 미래사회의 발전에 얼마나 큰 걸림돌이 되고 있는지 자각해야할 일이다.

이 모든 것들이 헛된 욕망과 탐욕에서 비롯되는 꿈이다. 따라서 우리의 삶이 고달프게 되는 것이리라. 그래서 우린 제대로 된 현실의 꿈을 꾸어야 한다. 제대로 된 자유 이상세계 실현을 위해서 우리의 억압된 자유의 불행과 현실에서 벗어나야 한다.

특히 황금만능주의, 자본지상주의에 예속되지 말아야 한다.

---

4) '君子之道, 費而隱.'군자의 도리에는 많은 것이 있고 그 작용(作用)은 무궁하나 그 실체의 모습은 매우 은미하다. '君子之道, 造端乎夫婦, 及其至也, 察乎天地!' 군자의 도리는 평범한 사람들로부터 시작하여 더할 수 없이 높은 성인에 이르기까지 세상 안에 뚜렷하게 드러나는 것이다. 이는 중용 제12장 원문 시작과 말미에 말씀이다.

그런데 그것을 알면서도 자꾸 자신도 모르게 그것들에 포로가 되어 사정없이 스스로를 구속하고 마는 현실에서 허망한 꿈이 아니라 "화서지몽"과 같은 진몽(眞夢) 하나 오늘 꾸어볼 일이다. 그러기 위해서는 '깨어 있지 않으면 이상도 없다' 우리는 늘 깨어 있어야 한다. 미래에 대한 이상을 활짝 품고 꿈을 꾸되 현실엔 깨어 있어야 한다.

中庸

원문 제1장~제33장

중용 제1장

天命之謂性, 率性之謂道, 修道之謂敎
道也者, 不可須臾離也,可離非道也.
是故, 君子戒愼乎其所不睹, 恐懼乎其所不聞.
莫見乎隱, 莫顯乎微,故君子愼其獨也.
喜怒哀樂之未發, 謂之中, 發而皆中節, 謂之和.
中也者, 天下之大本也, 和也者, 天下之達道也.
致中和, 天地位焉, 萬物育焉!

천명지위성, 솔성지위도, 수도지위교
도야자, 불가수유리야, 가리비도야.
시고, 군자계신호기소불도, 공구호기소불문.
막현호은, 막현호미, 고군자신기독야.
희노애락지미발, 위지중, 발이개중절, 위지화.
중야자, 천하지대본야, 화야자, 천하지달도야.
치중화, 천지위언, 만물육언!

☞ 要約 內容

하늘로부터 받은 생명이 성(性)이고, 그 성(性)에 따라 살아가는 것이
사람의 길(道)이고, 그 길(道)에 부합하도록 가르치는 것을
교(敎)라 한다.
삶에 길에는 잠시라도 그 길에서 떨어질 수가 없고
그 길에서 벗어난 삶은 길이 아니다.
따라서 군자는 삶에 대하여 더욱 경계하고 신중하여야 하며
들리지 않는 것들에 대해서도 두려워해야한다.

은밀한 것처럼 잘 보이는 것은 없고, 미세한 것처럼 잘 나타나는 것은 없다.

따라서 군자는 혼자 있을 때도 삼가 행하게 된다.

기쁨과, 성냄과, 슬픔과, 즐거움이 발현되지 않은 상태를 중(中)이라 하고, 발현되어 모두 절도(節度)에 알맞게 된 현상을 화(和)라 한다.

중(中)은 세상에서 으뜸가는 근본이고, 화(和)는 세상에서 통용되는 일상의 도리(道理)이다.

중화(中和)에 이르는 것은 천지음양이 수수작용을 하여 만물을 길러내는 것이다.

【난자 참고】

命:부여된 생명.
謂:이르다. 일컫다. 가리키다.
性:타고 난 본연(本然)의 성질, 천성, 천리(天理).
率:따르는 것.
道:본연에서 나온 바른 원리(법칙).
須臾:잠시잠간에 사이. 睹:보다. 莫:없다는 의미로서'無 · 亡 · 沒'자와 동의어로 쓰임.
乎:……보다. 동사 뒤에 쓰이면서 '於'자처럼 비교를 나타냄.
隱:어두운 곳.
微:작은 일.
獨:혼자인 것.
皆:모두 다.
中:미발의 상태.
節:정도에 알맞게 하는 일이나 행동. 조화와 안정을 중시한 정신.
和:희로애락이 발현되었지만 항상 평정심을 이루는 상태.
中和:다른 성질이 섞이어 또 다른 중간의 성질이나 특성을 이루는 것. 감정이나 성격 등이 평정을 이루는 상태.

중용 제2장

仲尼曰, 君子中庸, 小人反中庸.
君子之中庸也, 君子而時中, 小人之(反)中庸也,
小人而無忌憚也.

중니왈, 군자중용, 소인반중용.
군자지중용야, 군자이시중, 소인지(반)중용야,
소인이무기탄야.

☞ 要約한 內容

중니는 말씀하시길, 군자는 중용을 하고, 소인은 중용을 못 지킨다. 군자가 중용을 지킴은 군자는 알맞은 때를 가려 일을 하기 때문이다. 소인이 중용을 지키지 못함은 소인은 일을 함에 거리낌 없이 생각대로 일을 하기 때문이다.

【난자 참고】

君子 : 품행이 바르고 학문과 덕을 갖춘 사람.
中 : 가운데를 이루는 중심.
庸 : 평상적으로 특별한 일이 없는 때.
中庸 : 과하거나 부족함이 없이 떳떳하며 한쪽으로 치우침이 없는 상태나 정도. 동양 철학의 기본개념으로서 《중용》에서 말하는 도덕론. 지나치거나 모자람이 없이 도리에 맞는 것. 아리스토텔레스의 덕론에 중심개념. 이성으로 욕망을 통제하고 지견에 의하여 과대와 과소의 중간을 정립시키는 중심론.
時中 : 알맞은 때, 알맞은 말이나 행동.
忌憚 : 어떤 행동이나 일에 꺼림이 있는 것.
也 : …하지요. …이다. …이오. 다른 글자의 보조로만 쓰이는 토.

중용 제3장

子曰, 中庸其至矣乎, 民鮮能久矣.

자왈, 중용기지의호, 민선능구의.

☞ 要約한 內容

공자께서 말씀하시길, 그 중용은 참으로 최고의 도리이다.
그런데 백성들이 이를 알지 못하고 오래 지속하기가 어렵다.

【난자 참고】

至:지극히 높고 위대함에 이르는 것(至高至善).
鮮:드물다. 적다의 뜻.
矣:어조사. 단정·결정·의문·반어의 뜻을 나타냄. 구 끝에서 다음 말을 일으키는 말.
能:알고 있음.
久:오래됨.
矣:단정, 결정, 한정, 의문, 반어의 뜻을 나타냄. 다른 조사 위에 쓰이어 연관의 뜻을 나타나냄.

중용 제4장

子曰, 道之不行也, 我知之矣, 知者過之, 愚者不及也.
　　道之不明也, 我知之矣, 賢者過之, 不肖者不及也.
　　人莫不飮食也, 鮮能知味也.

자왈, 도지불행야, 아지지의, 지자과지, 우자불급야.
도지불명야, 아지지의, 현자과지, 불초자부급야.
인막불음식야, 선능지미야.

☞ 要約한 內容

공자께서 말씀하시길, 중용의 도리가 행해지지 못함을 나는 알고 있다. 안다는 사람들은 욕심이 지나쳐서 그냥 지나쳐버리고 어리석은 사람들은 그 도리에 미치지 못함 때문이다.
그 도리가 분명하게 드러나지 못함을 나는 알겠다. 뛰어난 사람은 지나치고 그렇지 않은 사람은 그것에 미칠 수가 없어서다. 사람은 먹고 마시지 않을 수 없지만 그 음식의 참맛을 아는 이는 드물다.

【난자 참고】

道:중용의 학문적 이치. 인륜관계에서 마땅히 지켜야 할 규범과 이치. 종교상의 근본이 되는 이치. 또는 종교적 수양. 만물을 만드는 원리 또는 법칙.
賢者:선량하고 재능이 뛰어난 사람.
不肖子:어리석고 재능이 모자라는 사람.
肖子: 재능이 있고 착한 자식.
莫:없다는 의미로서 '無 · 亡 · 沒'자와 동의어로 쓰임.

중용 제5장

子曰, 道其不行矣夫.

자왈, 도기불행의부.

☞ 要約한 內容

공자께서 말씀하시길, 그 도리가 잘 행해지지 못할까 걱정이구나!

【난자 참고】

其:…의(관형격 조사), 추측이나 짐작의 의미.
矣夫: 문장의 끝에서 감탄을 뜻하는 조사 '~하구나'이다.

중용 第6장

子曰, 舜其大知也與, 舜好問而好察邇言, 隱惡而揚善,
執其兩端, 用其中於民, 其斯以爲舜乎.

자왈, 순기대지야여, 순호문이호찰이언, 은악이양선,
집기양단, 용기중어민, 기사이위순호.

☞ 要約한 內容

공자께서 말씀하시길, 순(舜)은 참으로 지혜로운 분이시다.
순은 묻기를 좋아하셨고 대수롭지 않은 말에도 관심으로 살피시고
나쁜 것은 밝히지 않고 좋은 것은 밝혀서 알게 하셨지요.
양단에 상충은 그 양쪽의 말을 다 듣고 절충하여 백성들이 중도(中道)를 가도록 하셨지요.(배려와 포용이 포함 된 의미)
이것이 바로 순의 도리라 하는 것이지요.

【난자 참고】

舜: 요(堯)임금으로부터 왕위를 계승 받아 우(虞)나라의 임금이 되었고 중국 유가 역사의 전설적인 성군(聖君)으로 모셔짐.
與:감탄사로서 어기조사이다.
邇言:대수롭지 않은 말. 수준이 낮은 것.
邇:상대하다.
隱惡:나쁜 것은 들추지 않고.
揚善:좋은 것은 알리고.
兩端:양 끝. 대립적 관계.
中:배려와 포용으로 합리적(中道的) 절충.
斯:이런 것이.
以:…써,…까닭에. 爲:…하다. 인정하다.

중용 제7장

子曰, 人皆曰予知, 驅而納諸罟擭陷阱之中, 而莫之知辟也.
　　　人皆曰予知, 擇乎中庸, 而不能期月守也.

자왈, 인개왈여지, 구이납제고획함정지중, 이막지지피야.
　　　인개왈여지, 택호중용, 이불능기월수야.

☞ 要約한 內容

공자께서 말씀하시길, 사람들은 다 '나는 다 알고 있어'라고 말하지만 막상 그물이나 덫 함정 같은 것에 몰아넣으면 그것을 피하는 방법을 모른다.
사람들은 모두 '나는 지혜롭게 알고 있다'고 말하지만 막상 중용을 택해서는 이를 한 달도 지켜내지 못한다.

【난자 참고】

皆:모두
予: 나와 같은 동의어.
驅而納:몰아넣으면.
諸:이 같은 것들.
罟擭陷阱: 그물, 덫, 잡히다. 함정에 빠지다.
辟 :방법
擇:실천에 드는 것.
而:이를.
不能:행을 이루지 못한다.

중용 제8장

子曰, 回之爲人也, 擇乎中庸, 得一善, 則拳拳服膺,
　　而弗失之矣.

자왈, 회지위인야, 택호중용, 득일선, 즉권권복응,
　　이불실지의.

☞ 要約한 內容

공자께서 말씀하시길, 안회(顔回)는 중용을 실천함에 있어서 옳다는 확신을 얻으면 바로 그것을 꼭 움켜쥐고 가슴에 품고서 혹여 잃지나 않을까 걱정하며 지켰다.

【난자 참고】

顔回: 중국 춘추시대의 유학자(B.C.521~B.C.490)이다. 자는 자연(子淵). 공자의 수제자로 학덕이 매우 뛰어났으며 공자의 총애를 받았다.
善:옳은 것.
拳拳: 잃어버리지 않기 위해 손에 꼭 움켜쥐는 것.
服膺:가슴에 품다.
弗:않다. '不'자와 동의.

중용 제9장

子曰, 天下國家可均也, 爵祿可辭也, 白刃可蹈也,
中庸不可能也.

자왈, 천하국가가균야, 작녹가사야, 백인가도야,
중용불가능야.

☞ 要約한 內容

공자께서 말씀하시길, 세상이나 국가도 고루 다스릴 수도 있고, 벼슬과 녹봉도 사양할 수 있으며, 시퍼렇게 날선 칼날도 밟을 수 있다. 그러나 중용의 길은 능히(마땅히) 가지 않으면 안 된다.

【난자 참고】

天下:사람 사는 사회. 세상.
可均:다스리는 것. 조화롭게 하는 것.
爵祿: 벼슬에는 공(公), 후(侯), 백(伯), 자(子), 남(男)으로 5등급이 있고, 봉록은 관리에게 지급되는 봉급이다.
辭:청을 거절하거나 사직하는 것.
白刃: 번쩍번쩍 빛나는 예리한 도검.

중용 제10장

子路問强.
子曰, 南方之强與, 北方之强與, 抑而强與.
寬柔以敎, 不報無道, 南方之强也, 君子居之.
衽金革, 死而不厭, 北方之强也, 而强者居之.
故君子和而不流, 强哉矯, 中立而不倚, 强哉矯.
國有道, 不變塞焉, 强哉矯, 國無道, 至死不變, 强哉矯!

자로문강.
자왈, 남방지강여, 북방지강여, 억이강여.
관유이교, 불보무도, 남방지강야, 군자거지.
임금혁, 사이불염, 북방지강야, 이강자거지.
고군자화이불류, 강재교, 중립이불의, 강재교.
국유도, 불변색언, 강재교, 국무도, 지사불변, 강재교!

☞ 要約한 內容

자로가 '강(强)한 것이 어떤 것인지'에 대해서 질문하니
공자께서 말씀하시길, 남방의 강함이냐, 북방의 강함이냐, 아니면 네 자신의 강함이더냐?
너그러움과 부드러움으로 일깨우고, 옳지 않은 행위에 대해서도 보복하지 않는 것이 남방의 강함인데 바로 군자는 그런 곳에 머문다.
병기와 갑옷을 지닌 채 잠을 자도 죽을 때까지 싫증내지 않는 것이 북방의 강함이다. 그러므로 강자는 그런 곳에 머문다.
따라서 군자는 너그러움과 강함과도 잘 어울리나 속된 것에 휩쓸리지 않으니 이것이 강함을 바로잡아 세우는 것이요, 중용의 도리에 따라

어느 한쪽으로도 기울지 않으니 이것이야말로 진정한 강이니라.
나라에 도리가 확립될 때에도 이를 극복하려는 의지가 불변한 것도 강이요, 나라에 도리가 무너져 죽음에 이르러서도 불변하면 이 또한 진정한 강이니라.

【난자 참고】

子路: 중국 춘추 시대 노나라의 유학자(B.C.543~B.C.480). 성은 중(仲). 이름은 유(由). 자로는 자. 공자의 제자로 십철(十哲)의 한 사람으로 정사(政事)에 뛰어났으며 공자를 제일 잘 섬겼다고 한다.
與:의문 조사.
抑:누를 수 없는, 그렇지 않으면.
而:너(爾), 자와 같은 동의어.
教:일깨운다. 가르친다.
不報:보복하지 않는 것.
衽:몸에 지니다.
金革:병기와 갑옷.
和:관유(寬柔에 강함과 강강(剛强)의 강함.
流:상황에 휩쓸림.
强哉矯:강함에 진정성을 바로 세우는 것. 中立:중용의 도리를 세우는 것.
倚:치우침, 편향, 의지하는 것.
塞焉:극복하려는 의지.
焉:어기조사

중용 제11장

子曰, 素隱行怪, 後世有述焉, 吳弗爲之矣!
君子, 遵道而行, 半塗而廢, 吳弗能已矣!
君子, 依乎中庸, 遯世不見知, 而不悔, 唯聖者能之!

자왈, 소은행괴, 후세유술언, 오불위지의!
군자, 준도이행, 반도이폐, 오불능이의!
군자, 의호중용, 둔세불견지, 이불회, 유성자능지!

☞ 要約한 內容

공자께서 말씀하시길, 외딴 곳(을 찾아서)에서 은거하면서 괴이한 이론과 행동으로 뒷날 자신의 이름을 전하려 기술하는 이가 있으나, 나는 그런 짓은 하지 않는다.
어떤 군자가 중용의 도리를 따라 실행하다가 중도에 포기하기도 하지만 나는 잘할 수 있는 것을 절대 그만 두지 않는다.
참된 군자는 중용의 도리에 따라 삶을 사는 것이고, 설령 세상 사람들이 알아주지 않아 속세에 은거하게 될지라도 후회하지 않는다. 이는 오직 성자만이 할 수 있는 것이다.

【난자 참고】

素隱: 인간세상과 동떨어진 곳(외딴 곳).
*素: 학자들 사이에는'素'를 '索'자의 오류로 보는 견해가 있다.
爲之: 그런 짓.
遵道: 중용의 도리.
半途: 중간에.
廢: 그만둠.

能:잘할 수 있는 것.
已: 그만두다. 중간에 그치다.
君子: 춘추 말년 이후 군자는 점차 도덕수양을 갖춘 사람을 두루 가리키는 말이 되었다. 예기 禮記〉 곡례(曲禮)편에는 "많은 지식을 갖고 있으면서도 겸손하고, 선한 행동에 힘쓰면서 게으르지 않은 사람을 군자라 한다."라고 되어 있다.
依:따라 행함. 의지하여 행함.
遁:속세에 은거.
見知:알아 봄. 인정함.
能之:…할 수 있는 일.

중용 제12장

君子之道, 費而隱.
夫婦之愚, 可以與知焉, 及其至也, 雖聖人, 亦有所不知焉.
夫婦之不肖, 可以能行焉, 及其至也, 雖聖人, 亦有所不能焉.
天地之大也, 人猶有所憾. 故君子語大, 天下莫能載焉, 語小, 天下莫能破焉.
詩云, 鳶飛戾天, 魚躍于淵, 言其上下察也.
君子之道, 造端乎夫婦, 及其至也, 察乎天地!

군자지도, 비이은.
부부지우, 가이여지언, 급기지야, 수성인, 역유소불지언.
부부지불초, 가이능행언, 급기지야, 수성인, 역유소불능언.
천지지대야, 인유유소감. 고군자어대, 천하막능재언, 어소, 천하막능파언.
시운, 연비려천, 어약우연, 언기상하찰야.
군자지도, 조단호부부, 급기지야, 찰호천지.

☞ 要約한 內容

군자의 도리는 널리 쓰이고 작용(作用)은 무궁하나 그 실체의 모습은 매우 은미하다.
그것은 평범한 사람들도 충분히 알 수 있는 일이지만 그것이 지극함에 이르면 비록 성인일지라도 어떤 부분들에 대해서는 할 수 없는 것이 있다.

재능이 없는 평범한 사람들도 조금은 실천할 수 있는 일이지만 그것이 지극함에 이르면 비록 성인이라 해도 어떤 부분은 행할 수가 없다.
천지는 넓고 크지만 사람들은 오히려 어떤 부분에 있어서는 불안해한다. 하여 군자가 그 광대함에 대하여 말하되 세상엔 능히 실을 수 있는 것이 없고, 적게 말하면 세상엔 능히 깨트릴 수 있는 것이 없다.
시경에 '솔개는 날아올라 하늘에 이르거늘, 고기는 연못에서 뛰어올랐다가 다시 못으로 돌아간다. 이 말은 높은 것에서부터 낮은 곳까지 선명하게 드러난다는 뜻이다.
군자의 도는 평범한 사람들로부터 시작하여 그 지극함에 이르기까지 세상 안에 뚜렷하게 드러나고 있다.

【난자 참고】

費:쓰이는 영역이나 작용이 무한함.
隱:대본(大本)의 정미(精微)함.
夫婦:평범한 사람.
與:충분히 及:이르다.
所:어떤 부분.
肖:재능을 닮다.
猶:오히려.
能:어렵지 않게.
莫:없다.
鳶:솔개.
戾:어그러지다.
造端: 시작의 뜻.
夫婦: 평범한 남자, 여자. 필부필부(匹夫匹婦)의 의미.
至:지극함.
察:뚜렷하게 드러남.

중용 제13장

子曰，道不遠人，人之爲道而遠人，不可以爲道．
詩云 伐柯伐柯，其則不遠，執柯以伐柯，睨而視之，
　猶而爲遠．
　故君子以人治人，改而止．
忠恕違道不遠，施諸己而不願，亦勿施於人．
君子之道四，丘未能一焉，所求乎子，以事父未能也．
　所求乎臣，以事君未能也，所求乎弟，以事兄未能也．
　所求乎朋友，先施之未能也．
　庸德之行，庸言之謹．有所不足，不敢不勉，有餘不敢盡．
　言顧行，行顧言．
　君子胡不慥慥爾！

자왈，도불원인，인지위도이원인，불가이위도．
시운 벌가벌가，기칙불원，집가이벌가，예이시지，
　유이위원．
　고군자이인치인，개이지．
충서위도불원，시제기이불원，역물시어인．
군자지도사，구미능일언，소구호자，이사부미능야．
　소구호신，이사군미능야，소구호제，이사형미능야．
　소구호붕우，선시지미능야．
　용덕지행，용언지근．유소부족，불감불면，유여불감진．
　언고행，행고언．
　군자호불조조이！

☞ 要約한 內容

공자께서 말씀하시길, 도는 사람에게서 멀리 떨어져 있는 것이 아니다. 사람들은 도가 사람에게서 멀리 있다고 생각하지만 그렇다면 그것은 도라고 말할 수 없다.
시경에 이르기를 '도끼자루를 베네 도끼자루를 베네 그 법칙이 멀지 않네'라 하니
도끼자루를 쥐고 도끼자루 감을 자를 때 힐끔힐끔 흘겨보는데
그럼에도 불구하고 멀리 있다고만 생각한다.
그렇기 때문에 군자는 사람으로 사람을 다스리고 깨우치도록 할 뿐이다.
충서의 도리는 멀리 있는 것이 아니며 먼저 자신에게 베풀어서 자신이 싫어하는 것이면 남들에게도 행하지 않아야 한다.
군자의 도에는 네 가지가 있는데, 정작 나는 하나도 실천한 것이 없다.
자식에게 바라는 것처럼 부모를 모셔야 하는데 그렇게 하지 못했고, 신하에게 바라는 것처럼 임금을 섬겨야하는데 그렇게 하지 못했고, 아우에게 바라는 것처럼 형님을 존중해야 하는데 그렇게 하지 못했고, 친구에게 바라는 것처럼 친구에게 베풀어야 하는데 그렇게 하지 못하였다.
일상의 평범한 덕도 먼저 베풀고, 일상의 하찮은 말이라도 삼가고 또 삼가야하며 남에게 베푸는 일에 부족함이 있고 힘써 노력하지 않으면 안 되며, 할 일이 남아 있다면 끝까지 마무리를 하는데 마땅히 최선을 다하지 않으면 안 된다.
말을 할 때는 그 말을 실천할 수 있는가를 되돌아보고, 행동을 할 때는 그것이 나의 말과 일치하는가를 되돌아봐야 한다.
군자라면 어찌 이를 독실하게 행하지 않겠는가.

【난자 참고】

以爲:그렇다고 인정함의 뜻.
伐:자르다.
柯:도끼자루
■:곁눈질, 흘겨봄.
猶:하물며, 그럼에도, 그래도
止:~할 뿐이다.
忠: 가운데 마음. 즉 가슴 깊이 우러나오는 성심.
恕:상대의 입장을 이해하는 마음이나 인애의 마음.
諸:에게.
勿:말아야한다.
人:다른 사람.
施:행하지.
丘:공자의 이름. 자신을 낮추어 쓸 때 사용.
未: 없다.
能:실천한 것.
所求:바램.
乎:~에게.
庸:평상시, 일상.
德:사람과 사람 사이에 베풀어지는 품성. 사물이 지니고 있는 고유의 품성. 각종 사물에 내재되어 있는 원리원칙의 바탕.
敢:마땅히, 감히.
餘:할 일.
胡:어찌, 왜.
慥慥:성실한 모습, 착실한 행동.

중용 제14장

君子素其位而行, 不願乎其外.
素富貴, 行乎富貴. 素貧賤, 行乎貧賤. 素夷狄, 行乎夷狄.
素患難, 行乎患難.
君子無入而不自得焉.
在上位不陵下, 在下位不援上. 正己而不求於人則無怨.
上不怨天, 下不尤人.
故君子居易以俟命. 小人行險以 幸.
子曰, 射有似乎君子, 失諸正鵠,徼反求諸其身.

군자소기위이행, 불원호기외.
소부귀, 행호부귀. 소빈천, 행호빈천. 소이적, 행호이적.
소환난, 행호환난.
군자무입이불자득언.
재상위불릉하, 재하위불원상. 정기이불구어인즉무원.
상불원천, 하불우인.
고군자거이이사명. 소인행험이요행.
자왈, 사유사호군자, 실제정곡, 반구제기신.

☞ 要約한 內容

군자는 그가 처한 상황에 따라 위치에 맞게 처신하며, 그 밖의 일에 대해서는 바라지 않는다.
부귀하면 부귀한대로 살고, 빈천하면 빈천한대로 살고, 이적의 나라에선 이적의 풍속에 적응하고, 환난에 처하면 환난에 적응하며 살아간다.
군자는 이렇게 어떤 상황에 처해서도 스스로 깨닫지 못하는바가 없다.(군자는 어떤 상황에 처해서도 그 중심을 잃지 않기 때문에 적응하지 못하는 일이 없다.)
윗자리에 있으면서도 아랫사람을 업신여기지 않으며, 아랫자리에 있으면서도 윗사람에게 빌붙지 않는다. 어떤 상황에서도 자신을 바르게 할 뿐, 곧 어떤 변명이나 원망도 하지 않는 것을 원칙으로 여긴다.
위로는 하느님을 원망하지 않으며, 아래로는 남을 탓하지 않는다.
그러므로 군자는 마음의 평정심으로 도리(천명:하늘의 이치)를 기다려 자연스럽게 현실에 임함과 같고, 소인은 현실을 거역하고 모험을 하면서 요행을 기다림과 같다.
공자께서 말씀하시길, "활 쏘는 법도 군자의 도와 비슷하다. 즉 자신이 쏜 화살이 과녁에 맞지 않으면 돌이켜보고 그 원인을 자신 속에서 찾는다."라고 하였다.

【난자 참고】

素:처한 상황.
位:자리, 위치, 처지.
乎:~대해서는, ~대로.
行:산다.
入:~에 들다.
自得: 흔들리지 않는 마음의 상태. 중심을 잃지 않는 것.
陵:업신여김.'凌'자와 동의어.
援: 아첨하다, 아부하여 이롭게 한다. 빌붙다.
尤: 탓하다.
易:자연스레
俟:기다림.
命:자연의 이치. 하늘의 도리.
失:빗나가다.
諸:…에서.

正鵠: 과녁의 중심.
反:돌이켜서.
求:원인을 찾는다.

중용 제15장

君子之道, 辟如行遠, 必自邇. 辟如登高, 必自卑.
詩曰, 妻子好合, 如鼓瑟琴. 兄弟旣翕, 和樂且耽.
　　　宜爾室家, 樂爾妻帑!
子曰, 父母其順矣乎!

군자지도, 피여행원, 필자이. 피여등고, 필자비.
시왈, 처자호합, 여고슬금. 형제기흡, 화락차탐.
　　　의이실가, 낙이처노!
자왈, 부모기순의호!

☞ 要約한 內容

군자의 도(道)란? 먼 길을 가기 전에 알아야할 것은 반드시 가까운 데서부터 시작해야하고, 높은 곳에 오르기 전에 알아야할 것은 반드시 낮은 곳에서부터 올라가야 한다.
시경에 이르기를 "처자식의 화목함이 마치 거문고와 비파의 조화롭고 아름다운 소리 같네. 형제들이 이미 의기투합하고 또 즐겁기만 하네. 마땅히 집안이 모여 한 가족을 이루니 늘 처자식이 즐겁네."라는 말이다.
공자께서 말씀하시길, "부모님의 뜻대로 되어가니 참으로 기쁘다."라고 했다.

【난자 참고】

辟如:사전에 알아야 할 것, 깨달아야 할 것.'譬'자와 동의어.
自:…로부터.

邇:가까운데.
卑:낮은데.
好合:화기애애함.
旣:이미, 벌써.
翕:한데 모이다.
耽:즐겁다.
帑 :처자를 뜻하는 '孥'자와 동의어.
順:뜻대로 되는 기쁨.
矣乎: …로구나.…로다.

중용 제16장

子曰, 鬼神之爲德, 其盛矣乎
視之而弗見, 聽之而弗聞, 體物而不可遺.
使天下之人, 齊明盛服, 以承祭祀.
洋洋乎如在其上, 如在其左右.
詩云, 神之格思, 不可度思, 矧可射思!

자왈, 귀신지위덕, 기성의호
시지이불견, 청지이불문, 체물이불가유.
사천하지인, 제명성복, 이승제사.
양양호여재기상, 여재기좌우.
시운, 신지격사, 불가탁사, 신가역사

☞ 要約한 內容

공자께서 말씀하시길, 신명(神明)의 품성이야말로 참으로 대단하시다.
보려 해도 보이지 않고, 들으려 해도 들을 수 없지만 형체가 있는 만물에는 모두 그 영향을 끼친다.
하여 세상 사람들로 하여금 심신을 바르게 하여 새 옷을 입고서 제사를 받들게 하였다.
신명은 늘 충만함에 위에 있는 것 같기도 하고, 좌우에 있는 것 같기도 하다.
시경에 이르기를 '신명(神明)은 다다르지 않는 곳이 없고, 헤아릴 수도 없거늘 이를 어찌 소홀히 하거나 싫어할 수 있겠는가!'라고 하였다.

【난자 참고】

鬼神:혼, 영혼, 신명.
神明: 하늘에 영과 땅의 영.
德:사람과 사람 사이에 베풀어지는 품성. 사물이 지니고 있는 고유의 품성. 각종 사물에 내재되어 있는 원리원칙의 바탕.
盛:덕의 품성이 가득 채워지다. 위대함, 대단함.
弗:않고, 없고, 아니다.
遺:기치다. 영향을 받다.
使:하여금, 시키다.
齊明:심신을 바르게 함.
承:공경하여 받들다.
洋洋:낟알이 잘 여물어 있는 모양. 많고 넉넉한 모양.
格思:미침, 다다름, 오다.
度思:헤아림, 추측함.
矧:더군다나 또는 하물며.
射思:싫어하거거나 소홀함.

중용 제17장

子曰, 舜其大孝也與
德爲聖人, 尊爲天子, 富有四海之內.
宗廟饗之, 子孫保之.
故大德必得其位, 必得其祿, 必得其名, 必得其壽.
故天之生物, 必因其材而篤焉.
故栽者培之, 傾者覆之.
詩曰, 嘉樂君子, 憲憲令德.
宜民宜人, 受祿于天.
保佑命之, 自天申之.
故大德者必受命.

자왈, 순기대효야여
덕위성인, 존위천자, 부유사해지내.
종묘향지, 자손보지.
고대덕필득기위, 필득기록, 필득기명, 필득기수.
고천지생물, 필인기재이독언.
고재자배지, 경자복지.
시왈, 가락군자, 헌헌영덕.
의민의인, 수록우천.
보우명지, 자천신지.
고대덕자필수명.

☞ 要約한 內容

공자께서 말씀하시길, 순임금의 효성은 그야말로 대단하셨다.

덕성은 성인이시고, 존귀함은 천자이시고, 부유함은 사해에 가득했다.
종묘에서 제사를 드렸으며, 자손대대로 이와 같이 이어졌다.
그러므로 대덕에는 반드시 그 지위가 따르고, 반드시 그 녹봉이 따를 것이며, 반드시 그 명성을 얻고, 반드시 장수하게 되는 것이다.
그러므로 하늘은 만물을 낳고 기르며, 반드시 그 재능에 따라서 더욱 도탑게 된다.
그런고로 잘 심어진 것은 잘 가꾸어 주고, 잘못 된 것은 쓰러지게 그냥 둔다.
시경에 이르기를 '아름답고 즐거우신 군자님 그 큰 덕성이 널리 알려지시네.
마땅히 백성들을 잘 보살피고, 마땅히 현인을 잘 등용하시며, 하늘로부터 복을 받으시네. 백성들을 보살피고 도와주니 스스로 하늘이 살펴주시네.'라고 하였다.
그러므로 대덕을 지닌 자는 반드시 천명을 받게 된다.

【난자 참고】

與:대단하다, 좋아하다, 따르다, 베풀다.
四海: 온 세상.
饗:연회나 잔치를 하다. 제를 올리고 주음을 대접하다.
保:보존되어 이어지다.
故:그러므로, 어떤 원인에 따른 결과. 得:따르게 됨, 얻게 됨.
因:따라서, 의해서.
材:재능과 덕성.
篤焉:더욱 도타워진다.
培:잘 가꾸다.
覆:뒤집히다, 쓰러지다.
嘉: 뛰어나다, 훌륭하다.
樂:유쾌함.

憲憲: 널리 알려지다.
令:큰, 우두머리.
宜:마땅히 于: …에, …로부터.
保佑:돕다.
申:살핌.

중용 제18장

子曰, 無憂者, 其惟文王乎
以王季爲父, 以武王爲子. 父作之, 子述之.
武王纘大王 · 王季 · 文王之緖, 壹戎衣而有天下,
  身不失天下之顯名,
尊爲天子, 富有四海之內, 宗廟饗之, 子孫保之.
武王末受命, 周公成文武之德, 追王大王 · 王季,
  上祀先公以天子之禮.
斯禮也, 達乎諸侯大夫, 及士庶人.
父爲大夫, 子爲士, 葬以大夫, 祭以士 · 父爲士, 子爲大夫,
  葬以士, 祭以大夫.
期之喪, 達乎大夫, 三年之喪, 達乎天子, 父母之喪,
  無貴賤, 一也.

자왈, 무우자, 기유문왕호
이왕계위부, 이무왕위자. 부작지, 자술지.
무왕찬대왕 · 왕계 · 문왕지서, 일융의이유천하,
  신불실천하지현명,
존위천자, 부유사해지내, 종묘향지, 자손보지.
무왕말수명, 주공성문무지덕, 추왕대왕 · 왕계,
  상사선공이천자지례.
사례야, 달호제후대부, 급사서인.
부위대부, 자위사, 장이대부, 제이사 · 부위사, 자위대부,
  장이사, 제이대부.
기지상, 달호대부, 삼년지상, 달호천자, 부모지상,

무귀천, 일야.

☞ 要約한 內容

공자께서 말씀하시길, 근심걱정이 없는 사람은 문왕뿐이다.
이로써 왕계는 아버지가 되시고, 이로써 무왕은 아들이 되신다.
아버지가 왕업의 토대를 이루었고, 아들이 이를 계승하였다.
무왕이 태왕과 왕계 그리고 문왕의 왕업을 승계하여 한 번 무기와 갑옷을 갖추어 입고서 세상가운데 있었는데 자신은 그 명성을 잃지 않았다. 존귀함은 천자였고, 부유함은 온 세상 안에 가득했고, 종묘에서 제사를 지냈으며, 자손들은 이것을 지키고 보존하였다.
무왕은 노년에 천명을 받고 천자가 되었으며, 주공에 이르러서야 문왕과 무왕의 덕업을 이루었다. 제왕으로 태왕과 왕계의 시호를 추가 부여받고, 선조의 제사 명단에 올려 천자로서의 예를 갖추었다.
이런 예절은 제후, 대부, 사인 및 모든 사람에 이르기까지 통용되었다.
아버지가 대부이고, 아들이 사인(士人)이면 대부의 예로써 장례를 치루고, 제사는 사인의 예로서 지냈으며, 아버지가 사인이고, 아들이 대부라면, 장례는 사인의 예로써 치르고, 제사는 대부의 예로써 지낸다.
방계친속에 대한 1년 상은 대부까지만 통용이 되고, 직계친속에 대한 3년 상은 천자에게만 통용되었으나, 부모상의 경우는 귀천의 구별 없이 모두 같다.

【난자 참고】

惟: 오직, 생각.
武王: BC12세기 주나라(周)의 창건자이며 제1대 황제.
文王: 중국 주나라 무왕의 아버지이다. 이름은 창(昌). BC12세기경 은나라 말기에 태공망 등 어진 선비들을 모아 국정을 바로잡고 융적

(戎狄)을 토벌하여 아들 무왕이 주나라를 세울 수 있도록 기반을 닦아 주었다. 고대의 이상적인 성인군주의 전형으로 꼽힌다.
以:이로써, 이 같이.
太王(大王):문왕의 조부.
作:기반, 토대.
述:잇다, 계승하다.
纘:잇다.
緖:왕업(王業)의 승계.
戎衣:무기와 갑옷.
天下:세상가운데, 전쟁터.
四海:온 세상.
饗之:제사를 지냄. 末:노년, 나이 들어.
周公:무왕의 아들 성왕이 어려 주공(무왕의 동생)이 섭정을 하면서 예악과 문물제도를 만들었다.
上:올리다.
先公:선조.
斯:이것
期:1년.
達:통용되다.
一也:하나 처럼 똑 같다. 모두 같다.

중용 제19장

子曰, 武王 · 周公其達孝矣乎
夫孝者, 善繼人之志, 善述人之事者也.
春秋修其祖廟, 陳其宗器, 設其裳衣, 薦其時食.
宗廟之禮, 所以序昭穆也, 序爵, 所以辯貴賤也, 序事,
  所以辯賢也,
旅酬下爲上, 所以逮賤也, 燕毛, 所以序齒也.
踐其位, 行其禮, 奏其樂, 敬其所尊, 愛其所親,
  事死如事生,
事亡如事存, 孝之至也.
郊社之禮, 所以事上帝也, 宗廟之禮, 所以祀乎其先也.
明乎郊社之禮, 禘嘗之義, 治國其如示諸掌乎

자왈, 무왕 · 주공기달효의호
부효자, 선계인지지, 선술인지사자야.
춘추수기조묘, 진기종기, 설기상의, 천기시식.
종묘지례, 소이서소목야, 서작, 소이변귀천야, 서사,
  소이변현야,
여수하위상, 소이체천야, 연모, 소이서치야.
천기위, 행기례, 주기락, 경기소존, 애기소친,
  사사여사생,
사망여사존, 효지지야.
교사지례, 소이사상제야, 종묘지례, 소이사호기선야.
명호교사지례, 체상지의, 치국기여시제장호

☞ 要約한 內容

공자께서 말씀하시길, 무왕과 주공은 효성이 매우 지극한 분이시다.
생각건대 효라는 것은 선인의 뜻을 잘 계승하고, 선인의 사업을 잘 펼치는 것.
봄, 가을 제사 때에 조묘를 수리하고, 종기(宗器)를 꺼내어 진설하며, 상의(裳衣) 를 꺼내어 진열하고, 제철의 음식을 바치는 것이다.
종묘에 예절이 있는 것은, 바로 소목(昭穆)의 순서를 정하기 위함이요. 헌작에 순서가 있는 것은, 바로 관직의 높고 낮음을 분별하기 위함이요. 제사 일에 순서가 있는 것은, 자손들의 재능을 분별하기 위함이요. 아랫사람이 윗사람에게 술 잔을 올리는 것은, 윗사람의 권위가 아래까지 미치게 하기 위함이요. 연회(宴會)때 에 머리빛깔에 따라 자리를 정하는 것은, 나이에 따라 장유유서(長幼有序)의 분별을 하기 위함 이다.
순위에 따라 마땅히 서야할 위치에 서서, 제사의 예절에 따라 행하고, 제례악을 연주하며, 마땅히 존중해야 할 분을 공경하고, 마땅히 친근해야 할 사람을 사랑 하고, 돌아가셨을 때에 시신모시기를 살아계신 것처럼 모시며, 제사 때엔 돌아가신 분 섬기기를 살아계신 분처럼 하시니, 이것이 바로 효도의 지극함이 되는 것이다.
교외에서 천지신명께 드리는 제례는 곧 상제를 섬기는 것이요. 종묘에서 드리는 제례는, 곧 자기 조상에게 올리는 제사이다.
교외에서 천지신명께 올리는 제례와 종묘에서 여름과 가을에 조상에게 올리는 제사 의 뜻에 밝으면 나라를 다스리는 일은 손바닥을 보듯 쉬운 일이다.

【난자 참고】

達:여러 갈래로 통하는 길, 뛰어난 것에 의미.
夫:무릇, 생각하건대.

善:옳게, 잘, 긍정적으로.
人:선인.
述:펼침.
祖廟:조상의 신위를 모시는 사당(祠堂).
陳:손질 하다.
宗器:종묘 제사 때 쓰는 제기.
裳衣:선조들이 남겨 놓은 의복.
薦:올리다.
時食:제철에 나는 음식.
所以: 그런 까닭에, 곧.
昭穆:신주를 모시는 순서.
辨:분별하다.
旅酬:여러 사람에게 술을 잔에 부어 돌리거나 술잔을 주고받는 것.
逮:미치다.
賤:아랫사람.
齒:나이
其:…해야 한다.
郊:성 밖. 교외
禘嘗:여름과 가을 종묘에서 지내는 제사.

중용 제20장

哀公問政.
子曰, 文武之政, 布在方策, 其人存則其政擧,
其人亡則其政息.
人道敏政, 地道敏樹. 夫政也者, 蒲盧也.
故爲政在人, 取人以身, 脩身以道, 脩道以仁.
仁者人也, 親親爲大, 義者宜也, 尊賢爲大. 親親之殺,
尊賢之等, 禮所生也.
在下位不獲乎上, 民不可得而治矣.(※20장 17절에 나오는 오류)
故君子, 不可以不脩身. 思脩身, 不可以不事親. 思事親,
不可以不知人.
思知人, 不可以不知天!

애공문정.
자왈, 문무지정, 포재방책, 기인존즉기정거,
기인망즉기정식.
인도민정, 지도민수. 부정야자, 포로야.
고위정재인, 취인이신, 수신이도, 수도이인.
인자인야, 친친위대, 의자의야, 존현위대. 친친지살,
존현지등, 예소생야.
재하위불획호상, 민불가득이치의.(※20장 17절에 나오는 오류)
고군자, 불가이불수신. 사수신, 불가이불사친. 사사친,
불가이불지인.
사지인, 불가이불지천!

☞ 要約한 內容

애공이 정치에 대하여 물으니, 공자께서 말씀하셨다.
문왕과 무왕의 정치는 방책으로 문헌에 잘 기록되어 있고 뒷날에 그것을 실천할 인재가 나오면, 곧 그 정치가 실현될 것이고, 그런 인재가 없으면, 곧 그 정치는 사라지고 말 것이다.
사람의 도는 정치에 빠르게 나타나고, 땅의 성질은 나무에 빠르게 나타난다. 이처럼 정치란 것은 창포와 갈대 같은 것이다.
그러므로 정치란 것은 인재에 달려 있고, 인재를 취하는 것은 자신의 수양에 달려 으며, 자신을 수양하는 것이 이 도리에 있고, 도리를 실천하는 것은 인(仁)에 있으며, 인이라 함은 사람다운 것이며, 가장 가까운 일가친척을 사랑하는 것이 가장 중요하다. 의(義)라는 것은 마땅한 것이며, 어진 사람을 존경하는 것이 중요하다.
일가친척을 사랑함에 있어 원근(遠近)을 두고, 어진 이를 구분하는 것은 여기에서 예절을 생기게 하기 위함이다.
하위에 있으면서 윗사람의 신임을 받지 못하면, 백성을 다스리기가 불가능한 것이 다. 따라서 군자는 수신하지 않을 수가 없는 것이고, 수신을 하려면 부모부터 잘 섬기지 않을 수가 없고, 부모를 잘 섬기려한다면, 인륜(人倫)을 알지 않을 수가 없고, 인륜을 알려면, 천륜(天倫)을 모르면 안 되는 것이다.

【난자 참고】

哀公: 공자시대 때의 노(魯)의 임금.
布: 기록되어 있음.
方: 종이가 아닌 목판에다 글을 쓴 것.
策: 대나무에 글을 쓴 것.
擧: 실행되다.
息: 소멸되어 없어지는 것.

殺: 친척의 촌수에 구별을 뜻함.
事: 섬기다. 모시다.
親親:가족이나 가까운 친척을 사랑함.
大:중요하다.
等:구분함.
獲乎:신임을 얻다. 인정을 받다.
思:…하려면. 知人:인륜을 아는 것. 사람의 도리를 아는 것.
以:그렇기 때문에.
知天:천륜을 아는 것. 하늘의 이치를 아는 것.

天下之達道伍, 所以行之者三. 曰 君臣也, 父子也,
夫婦也, 昆弟也, 朋友之交也, 伍者天下之達道也.
知仁勇三者, 天下之達德也.
所以行之者一也.

천하지달도오, 소이행지자삼. 왈 군신야, 부자야,
부부야, 곤제야, 붕우지교야, 오자천하지달도야.
지인용삼자, 천하지달덕야.
소이행지자일야.

☞ 要約한 內容

세상에 통용되는 도리는 다섯이고, 이것을 행하는 방법은 세 가지이다. 이른바, 군신 · 부자 · 부부 · 형제 · 붕우 사이의 관계이다. 이 다섯 가지가 세상에 통용되는 도리이다. 지 · 인 · 용(知 · 仁 · 勇) 삼자는 세상에서 사람이 마땅히 지녀야 할 품성이며 달덕(達德)이니, 이것을 행하는 도리는 모두 같은 것이다.

【난자 참고】

道:도는 길이다. 도에는 하늘에 의하여 행해지는 천도와 사람에 의하여 행해지는 인도가 있다.
德:도를 행하는 객관적 실천능력.
一也:모두 같다.

或生而知之, 或學而知之, 或困而知之, 及其知之一也.
或安而行之, 或利而行之, 或勉强而行之, 及其成功一也.
子曰 好學近乎知, 力行近乎仁, 知耻近乎勇.
知斯三者, 則知所以脩身, 知所以脩神, 則知所以治人,
知所以治人, 則지所以治天下國家矣!

혹생이지지, 혹학이지지, 혹곤이지지, 급기지지일야.
혹안이행지, 혹이이행지, 혹면강이행지, 급기성공일야.
자왈 호학근호지, 역행근호인, 지치근호용.
지사삼자, 즉지소이수신, 지소이수신, 즉지소이치인,
지소이치인, 즉지소이치천하국가의!

☞ 要約한 內容

혹자는 태어나면서부터 그것을 알고, 혹자는 배움에서 그것을 알고, 혹자는 곤경에서 그것을 알게 되나, 결국 알게 되는 것은 모두 같은 이치이다. 혹자는 편안함에서 그것을 실행하고, 혹자는 이로움에서 그것을 실행하게 되며, 혹자는 억지로 힘써 실행하는데, 결국 그것이 성공에 이르러서는 매한가지이다.
공자께서 말씀하시길,'배움을 좋아하면 지혜(智慧)에 가까워질 수 있으며, 힘써서 행하면 인애(仁愛) 함에 가까워질 수 있고, 부끄러움이 무엇인지 알면 참된 용기(勇氣)에 가까워질 수 있다.'라고 말씀 하셨다. 이 세 가지를 아는 자는, 곧 수신(修身)하는 바를 알고, 이렇게 수신하는 방법을 알면, 곧 사람을 다스리는 방법을 알게 되는 것이고, 사람을 다스리는 방법을 알게 되면, 곧 세상에서 국가를 다스리는 방법을 알게 된다.

【난자 참고】

或:어떤 경우, 어떤 사람.
困:어렵게, 어려움.
及:~에 이르러.
勉强:마지못해, 억지로 함.
知: '智'이다.
恥:부끄러운 것.
斯: 이것.

凡爲天下國家有九經. 曰 脩身也, 尊賢也, 親親也,
敬大臣也, 體群臣也, 子庶民也, 來百工也, 柔遠人也,
懷諸侯也.
脩身則道立, 尊賢則不惑, 親親則諸父昆弟不怨,
敬大臣則不眩.
體群臣則士之報禮重, 子庶民則百姓勸, 來百工則財用足,
柔遠人則四方歸之, 懷諸侯則天下畏之.

범위천하국가유구경. 왈 수신야, 존현야, 친친야,
경대신야, 체군신야, 자서민야, 내백공야, 유원인야,
회제후야.
수신즉도립, 존현즉불혹, 친친즉제부곤제불원,

경대신즉불현.
체군신즉사지보예중, 자서민즉백성권, 내백공즉재용족,
유원인즉사방귀지, 회제후즉천하외지.

☞ 要約한 內容

무릇 천하국가를 다스림에는 아홉 가지 원칙이 있다. 이것은 곧 자신을 수양하는 수신과, 현인을 존중하는 것과, 친족들이 화목한 것과, 대신들을 공경하는 것과, 군신을 내 몸처럼 돌보아주는 것과, 백성을 자식처럼 사랑하는 것과, 기공을 위로하는 것과, 멀리 있는 사람을 잘 대해주는 것과, 제후들을 따뜻하게 품어주는 것들이다.
수신을 함으로써 곧 도리를 세울 수 있고, 어진 사람을 존경함으로써 곧 미혹함에 빠지지 않는다. 친척을 가까이 사랑함으로써 곧 백부 · 숙부 · 형제들로부터 원망을 듣지 않는다. 대신을 공경함으로써 곧 현혹되지 않고, 모든 신하를 내 몸처럼 돌봄으로써 곧 선비들이 예를 갖추어 보답하는 것이며, 백성들을 사랑함으로써 곧 백성들은 더욱 힘써 일하며, 기공들을 많이 옴으로써 곧 쓸 재물들이 풍족해진다. 멀리서 오는 사람을 환대함으로써 곧 사방에서 사람들이 다시 돌아올 것이며, 제후들을 품고 달래줌으로써 곧 천하의 경외(敬畏)스런 마음이 퍼지게 된다.

【난자 참고】

爲:다스림, 통치하다.
經:원칙. 불변하는 것의 의미. 베를 짤 때 날줄을 말함.
脩:수양함.
體:내 몸처럼 여김.
來:위로함.
柔:부드럽게 잘 대해줌.

懷:위로하고 달래줌.
立:바로 세움.
惑:미혹함.
眩:침침하여 현혹됨.
報:신하의 보답.
重:갖춤.
子:사랑함.
勸:힘써 일하다. 부지런함.
來:오게 하다.
百:많이.
工:공업에서 일하는 종사자.
足:재물이 풍족함.
柔:부드럽고 환대함.
諸侯:일정한 영토를 가지고 그 영내의 백성을 다스리던 사람.
畏:경외한 마음.

齊明盛服, 非禮不動, 所以脩身也. 去讒遠色, 賤貨而貴德, 所以勸賢也.
尊其位, 重其祿, 同其好惡, 所以勸親親也. 官盛任使, 所以勸大臣也.
忠信重祿, 所以勸士也, 時使薄斂, 所以勸百姓也. 日省月試, 旣稟稱事, 所以勸百工也.
送往迎來, 嘉善而矜不能, 所以柔遠人也. 繼絶世, 擧廢國, 治亂持危, 朝聘以時, 厚往而薄來, 所以懷諸侯也.

제명성복, 비예부동, 소이수신야. 거참원색, 천화이귀덕, 소이권현야.
존기위. 중기록, 동기호악, 소이권친친야. 관성임사, 소이권대신야.

충신중록, 소이권사야, 시사박렴, 소이권백성야.
일성월시, 기품칭사, 소이권백공야.
송왕영래, 가선이긍불능, 소이유원인야. 계절세, 거폐국,
치란지위, 조빙이시, 후왕이박래, 소이회제후야.

☞ 要約한 內容

몸과 마음을 정결하게 하고 예복을 갖추며 예절에 어긋남에 경거망동 하지 않으면 이 같은 것이 수신하는 방법이다. 남을 헐뜯지 않으며 여색을 멀리하고, 재물을 탐하지 않고 덕을 귀하게 여기면 바로 이 같은 것이 현인을 따르는 방법이 된다.
지위를 높여 주고, 녹봉을 후하게 주며, 고락을 함께하는 것 바로 이 같은 것이 부모, 형제 가족을 사랑하는 방법이 된다. 관리를 많이 임용하여 부리는 것 바로 이 같은 것이 대신을 따르는 방법이 된다.
신의가 있고 충성하는 사람에게 봉록을 많이 주는 것 바로 이 같은 것이 중신들을 따르게 하는 방법이 된다. 알맞은 때에 알맞게 사역(使役)하고, 세금을 감해주는 것 바로 이 같은 것이 백성을 사랑하는 방법이 된다. 매일 살피고 매월 시험하여, 그 성과에 상응하는 보수를 주는 것 바로 이 같은 것이 기공들을 격려하는 방법이 된다.
기쁨으로 오가는 사람을 맞고 보내며, 잘 한 것은 격려해주고 능력이 부족하여 모르고 잘 못한 것은 불쌍히 여겨 도와주면 바로 이 같은 것이 먼 곳에 있는 사람을 다시 모이게 하는 방법이 된다. 대가 끊어졌으면 후사를 잇게 하고, 망하는 나라를 일으켜 세우고, 혼란을 막아 위기를 돕고, 때 맞추어 방문할 때에 갈 때는 후하게 하고 올 때는 가볍게 하는 것 바로 이 같은 것이 제후들을 격려하고 달래는 방법이 되는 것이다.

【난자 참고】

齊明:마음을 가다듬고 정결하게 함.
盛腹:예복을 갖춤. 非:아니면.
動:움직임, 경거망동함.
以:이 같은 것.
去讒:헐뜯지 않음. 비방하지 않음.
色:여색.
勸:따르는 방법, 권하다.
重:후하게.
好惡:고락, 즐거운 일과 슬픈 일.
同:함께 하다.
親親:가족, 부모형제.
盛:많이.
時:알맞은 때에 알맞게.
使:사역하다. 부리다.
薄斂:세금을 적게 거둠.
旣稟: 매월 주는 관봉.
稱事:성과에 보답.
嘉:칭송하다.
矜:가엽게 여기다.
世:대, 혈통.
擧:일으켜 세움.
聘:방문하여 안부를 묻다.

凡爲天下國家有九經, 所以行之者一也.
凡事豫則立, 不豫則廢. 言前定則不跲, 事前定則不困,
　行前定則不疚, 道前定則不窮.
在下位不獲乎上, 民不可得而治矣. 獲乎上有道,
　不信乎朋友, 不獲乎上矣.
信乎朋友有道, 不順乎親, 不信乎朋友矣. 順乎親有道,

反諸身不誠, 不順乎親矣.
誠身有道, 不明乎善, 不誠乎身矣!
誠者天之道也, 誠之者人之道也. 誠者不勉而中, 不思而得, 從容中道, 聖人也.
誠之者, 擇善而固執之者也.

범위천하국가유구경, 소이행지자일야.
범사예즉립, 불예즉폐. 언전정즉불겁, 사전정즉불곤, 행전정즉불구, 도전정즉불궁.
재하위불획호상, 민불가득이치의. 획호상유도, 불신호붕우, 불획호상의.
신호붕우유도, 불순호친, 불신호붕우의. 순호친유도, 반제신불성, 불순호친의.
성신유도, 불명호선, 부성호신의!
성자천지도야, 성지자인지도야. 성자불면이중, 불사이득, 종용중도, 성인야.
성지자, 택선이고집지자야.

☞ 要約한 內容

무릇 천하국가를 다스리는 데는 아홉 가지 준칙이 있고 그것을 실행하는 방법은 모두가 같은 방법이다.
모든 일은 미리 준비가 되어 있으면 성공할 수 있고, 미리 준비 되어 있지 않으면 곧 실패하게 된다. 말도 사전에 준비되어 있으면 실언하지 않고, 일도 사전에 계획되어 있으면 난관에 부딪치지 않으며, 행위를 함에 있어서도 미리 순서와 안배가 이루어져 있으면 병폐가 없게 되며, 해야 할 도리에도 사전에 준비되어 있으면 곤궁에 처하지 않게 된다.

아랫자리에 있으면서도 상부에 신임을 얻지 못하면, 백성을 옳게 다스릴 수 없다. 윗사람의 신임을 얻는 방법에 있어서는, 먼저 친구의 신뢰를 받지 않으면, 윗사람의 신임도 받을 수가 없다.
친구의 신뢰를 얻는 방법이 있는데, 부모를 잘 섬기지 않으면, 친구로부터의 신뢰도 얻을 수 없다. 부모에게 효도하는 방법이 있는데, 자신을 돌아보아서 만일 지극정성이 부족했다면, 부모에게 효를 다했다고 볼 수가 없는 것이다.
자신의 마음가짐에 지성을 간직하는 방법이 있는데, 분명하게 선에 이르지 못하면, 자신의 마음속에 지극정성이 있다고 볼 수가 없다.
성(誠)은 하늘의 도리이고, 성(誠)을 이루는 것은 사람의 도리이다. 성(誠)한 자는 힘쓰지 않아도 마음속에 있고, 생각하지 않아도 얻어지며, 자연스럽게 중용의 삶을 사는 사람을 성인이라 한다.
성(誠)을 행하려는 사람은 선으로 가는 가장 좋은 길을 선택하여 그것을 굳게 밀고 나가는 자이다.

【난자 참고】

凡事:모든 일.
豫:미리 준비하고 갖춤.
則立:성공하다.
跲:오류를 범하다.
疚:마음 괴롭다. 부끄럽다.
道:도리, 방법.
親:부모.
順:유순하여 효도하다.
善:하늘의 본성. 더할 수 없이 선한 것. 지고지선(至高至善).
誠:하늘의 본성. 꾸밈없이 진실 된 사람의 품성.
從容:유연하고 여유롭다. 자연스럽다.
中道:중용의 도리.
固執:굳은 의지.

博學之, 審問之, 愼思之, 明辯之, 篤行之.
有弗學學之, 弗能弗措也. 有弗問問之, 弗知弗措也.
有弗思思之, 弗得弗措也.
有弗辨辨之, 弗明弗措也. 有弗行行之, 弗篤弗措也.
人一能之, 己百之.
人十能之, 己千之.
果能此道矣, 雖愚必明, 雖柔必强.

박학지, 심문지, 신사지, 명변지, 독행지.
유불학학지, 불능불조야. 유불문문지, 불지불조야.
유불사사지, 불득불조야.
유불변변지, 불명불조야. 유불행행지, 불독불조야.
인일능지, 기백지.
인십능지, 기천지.
과능차도의, 수우필명, 수유필강

☞ 要約한 內容

널리 배우고, 자세히 물으며, 깊이 생각하고, 사리분별에 밝으며, 돈독하게 행한다.
배우지 않은 것이 있으나 배우려한다면, 능하지 않고서는 멈추지 말아야한다. 묻지 않은 것이 있어 물으려한다면, 알지 않고서는 멈추지 말아야한다.
생각지 않은 것이 있어 생각하려한다면, 얻지 않고서는 멈추지 말아야한다. 분별치 않은 것이 있어 분별하려한다면, 분별치 않고서는 멈추지 말아야한다. 실행치 않은 것이 있어 실행하려한다면, 독실치 않고서는 멈추지 말아야한다.

다른 사람이 하나를 할 수 있을 때, 나는 백을 하고, 다른 사람이 열을 할 수 있을 때, 나는 천 번이라도 해야 한다.
과연 이런 방법으로 학문을 실천한다면, 비록 어리석은 재질이더라도 반드시 총명해질 것이며, 비록 연약한 기질이라도 반드시 강해질 수 있다.

【난자 참고】

之:앞에 것을 가리키는 타동사의 목적어.
辨:분별, 사리 판다.
弗:'不'자와 동의어.
措: 멈추다. 그만두다.
一能:한 번에 하는 일.
果能:실천, 행함.
道矣:방법, 학문의 길.
雖:비록, 그러나, ~하더라도.
愚:뛰어나지 못함.
柔:여리다. 보잘 것 없는 재능.

중용 제21장

自誠明, 謂之性. 自明誠, 謂之敎.
誠則明矣, 明則誠矣.

자성명, 위지성. 자명성, 위지교.
성즉명의, 명즉성의

☞ 要約한 內容

스스로 빛나 정성스러움으로 밝아지는 것을 성의 작용이라 하고
밝음으로 말미암아 정성스러워지는 것을 교화라 한다.
정성스러움은 곧 밝아지고 밝아지면 곧 지극한 정성스러움이 된다.

【난자 참고】

自 : ~로 말미암아.
誠 : 지극한 정성. 말을 이룸(마음을 돌아 나오는 말).
性 : 타고난 본성, 받은 성품.

중용 제22장

唯天下至誠, 爲能盡其性. 能盡其性, 則能盡人之性.
能盡人之性, 則能盡物之性.
能盡物之性, 則可以贊天地之化育.
可以贊天地之化育, 則可以與天地參矣.

유천하지성, 위능진기성. 능진기성, 즉능진인지성.
능진인지성, 즉능진물지성.
능진물지성, 즉가이찬천지지화육.
가이찬천지지화육, 즉가이여천지참의

☞ 要約한 內容

오직 세상에서 지극한 정성스러움만이, 타고난 그 성덕(性德)을 완전히 다할 수 있다. 자기의 성덕을 다할 수 있어야만, 곧 남의 성덕도 다할 수 있다.
남의 성덕을 다할 수 있어야만, 곧 만물의 화육도 다할 수 있다.
만물의 성덕을 다할 수 있어야만, 곧 천지간 만물의 화육을 도울 수 있다.
이렇게 천지간 만물의 화육을 도울 수 있어야만, 곧 천지와 함께 문명창달이 나란히 공존할 수 있다.

【난자 참고】

盡 : 완전히, 충분히 발휘하다.
化育 : 낳고 기르는 것.
贊 : 돕다.
參 : 나란히 섬. '공존함', '함께 섬'

중용 제23장

其次致曲, 曲能有誠.
誠則形, 形則著, 著則明, 明則動, 動則變, 變則化.
唯天下至誠爲能化.

기차치곡, 곡능유성.
성즉형, 형즉저, 저즉명, 명즉동, 동즉변, 변즉화.
유천하지성위능화.

☞ 要約한 內容

그 다음은 은미함에 한 부분을 이루게 되고, 은미함을 거듭하다가 마침내 지성을 이루게 된다.
지성은 곧 형상이 생겨나고, 형상은 곧 현저해지고, 현저함은 곧 밝아지고, 밝아짐은 곧 움직이고, 움직임이 일면 곧 변화하게 되고, 변화하면 곧 화육하게 된다.
그러므로 오직 세상에는 지성(至誠)만이 만물을 화육할 수 있다.

【난자 참고】

其次:그 다음. 아직 성(誠)이 지극함에 이르지 못한 자.
致:애쓰다. 달성하다.
曲:미세하게, 아주 작게.
形:밖으로 나타냄.
著:밖으로 나타나서 크게 드러냄.
動:살아남.
變:양적 변화.
化:질적 변화.
化育:자연이 만물을 생성시켜 기름.

중용 제24장

至誠之道, 可以前知.
國家將興, 必有禎祥.
國家將亡, 必有妖孼.
見乎蓍龜, 動乎四體. 禍福將至, 善 必先知之,
　不善 必先知之.
故至誠如神.

지성지도, 가이전지.
국가장흥, 필유정상.
국가장망, 필유요얼.
현호시귀, 동호사체. 화복장지, 선 필선지지,
불선 필선지지.
고지성여신.

☞ 要約한 內容

지성(至誠)에 이르면 도리를 터득하고, 앞일을 먼저 알 수 있다.
국가가 장래에 흥하려 할 때에는, 반드시 상서로움이 있다.
국가가 장래에 망하려 할 때에는, 반드시 흉조의 조짐이 있다.
이런 것은 시귀(蓍龜) 점괘로 알아 볼 수 있고, 사람들의 움직임으로 알 수 있다. 화복이 장차 생기려 할 때에는 선(福)이 반드시 먼저 알고, 선(福)이 아닌 것도 반드시 먼저 알게 된다.
그러므로 지성은 이 처럼 신명(神明) 스럽다.

【난자 참고】

可:가히.
禎祥:상서로움, 길한 징조.
孼:첩의 소생. 화근.
蓍:점을 치는 풀대.
龜:거북 껍질.
妖孼:흉조.
四體:두 팔과 두 다리로서 사람의 몸을 말한다.

중용 제25장

誠者自成也, 而道自道也.
誠者物之終始, 不誠無物. 是故君子誠之爲貴.
誠者, 非自成己而已也, 所以成物也. 成己仁也, 成物之也, 性之德也,
　合內外之道也. 故時措之宜也.

성자자성야, 이도자도야.
성자물지종시, 불성무물. 시고군자성지위귀.
성자, 비자성기이기야, 소이성물야. 성기인야, 성물지야, 성지덕야,
　합내외지도야. 고시조지의야

☞ 要約한 內容

성(誠)은 스스로 이루는 것이고, 도(道)는 스스로 인도하는 것이다.
성은 만물의 시작과 끝이며, 성이 아니면 만물도 없다.
이런 까닭에 군자는 성을 아주 귀하게 여긴다.
성은 스스로 나의 품성만을 이루고 그치는 것이 아니라, 만물의 품성도 이룬다. 나를 완성시키는 것이 인(仁)이라 하고, 남을 완성시키는 것은 지(知)라 한다. 성으로부터 덕성(德性)은, 안(仁愛)과 밖(知慧)을 합한 도리이고, 그러므로 어떤 때에 시행되어도 알맞은 것이다.

【난자 참고】

誠:지극한 정성. 말을 이룸(참된 마음에서 나오는 말).
成:성기(成己)와 성물(成物)을 가리킴.

物:자기를 제외한 모든 것.
仁:사랑과 자애로움.
知:지혜, 알고 깨우침. 內:인애.
外:지혜.
時:수시, 언제 어느 때.
措:시행하다. 조치하다.
宜:알맞다. 적합하다.

중용 제26장

故至誠無息, 不息則久, 久則徵, 徵則悠遠, 悠遠則博厚,
博厚則高明.
博厚所以載物也, 高明所以覆物也, 悠久所以成物也.
博厚配地, 高明配天, 悠久無疆.
如此者不見而章, 不動而變, 無爲而成,
天地之道, 可一言而盡也.
其爲物不貳, 則其生物不測.
天地之道, 博也, 厚也, 高也, 明也, 悠也, 久也.

今夫天, 斯昭昭之多, 及其無窮也, 日月星辰繫焉, 萬物覆焉.
今夫地, 一撮土之多, 及其廣厚, 載華嶽而不重,
振河海而不洩, 萬物載焉.
今夫山, 一卷石之多, 及其廣大, 草木生之, 禽獸居之,
寶藏興焉.
今夫水, 一勺之多, 及其不測, 黿鼉蛟龍魚鼈生焉,
貨財殖焉.

詩云 維天之命, 於穆不已.
蓋曰, 天之所以爲天也. 於乎不顯, 文王之德之純.
蓋曰 文王之所以爲文也, 純亦不已.

고지성무식, 불식즉구, 구즉징, 징즉유원, 유원즉박후,
박후즉고명.
박후소이재물야, 고명소이복물야, 유구소이성물야.

박후배지, 고명배천, 유구무강.
여차자불현이장, 부동이변, 무위이성,
천지지도, 가일언이진야.
기위물불이, 즉기생물불측.
천지지도, 박야, 후야, 고야, 명야, 유야, 구야.

금부천, 사소소지다, 급기무궁야, 일월성신계언, 만물복언.
금부지, 일촬토지다, 급기광후, 재화악이부중,
진하해이불설, 만물재언.
금부산, 일권석지다, 급기광대, 초목생지, 금수거지,
보장흥언.
금부수, 일작지다, 급기불측, 원타교룡어별생언,
화재식언.

시운 유천지명, 어목불이.
개왈, 천지소이위천야. 어호불현, 문왕지덕지순.
개왈 문왕지소이위문야, 순역불이.

☞ 要約한 內容

그런 까닭에 지성(至誠)은 쉼이 없고, 쉼이 없으므로 곧 오래 지속되고, 오래 지속됨은 곧 징험으로 나타나고, 징험은 곧 멀리 계속되고, 멀리 계속됨은 곧 넓게 도타워지고, 넓게 두터워지니 곧 높고 밝다.
넓고 두터우므로 만물을 실을 수 있고, 높고 밝음으로 만물을 덮을 수 있고, 영원하므로 그런 까닭에 만물을 이룬다.
넓고 두터움은 땅이고, 높고 밝음은 하늘이며, 유구함은 무한한 시간이다.

이와 같음은 드러내려 하지 않아도 저절로 밝게 보임이고, 움직이지 않아도 절로 변화되며, 하려함이 없어도 절로 이루어짐이다.
천지의 도(道)는, 한 마디로 말한다면, 그 물(物)이 둘이 아니며, 곧 그 만유생성은 측량이 안 된다.
천지의 도(道)는 넓고, 두텁고, 높고, 밝고, 멀고, 오랜 것이다.

이제 저 하늘을 보면, 빛들이 얼마나 많이 빛나고 있나, 그 무한대에 이르러서는 해, 달, 별, 은하수들이 주렁주렁 매달려 있고, 그 성체들로 이루어진 공간으로 만물을 덮고 있다.
이제 저 대지를 보면, 한 줌의 흙이 모여 한 없이 넓고 두텁게 형성되었고, 오악(伍嶽)을 싣고도 무겁다 하지 않고, 하해와 같은 강이 흘러가도 새어나감이 없으며, 만물은 대지가 편안키만 하다. 이제 저 산을 보면, 한주먹만한 돌들이 많이 모여서, 그 광대함에 이르고 있는데, 초목이 자라고, 금수들이 살며, 금은보화가 매장되어 있다. 이제 저 물을 보면, 한 움큼의 물이 많이 모여 그 헤아 릴 수 없게 되었고, 거기에는 거북, 교룡, 어별들이 살아가고 있는데, 풍부한 먹을 거리와 번식을 한다.

시경에 이르기를 "하늘의 운행이 영원하고, 만물에게 주는 명(命)도 그침이 없네."
이것이 하늘이 하늘 된 바이다.
"오호라, 저리도 밝고 빛나고 있는데, 문왕의 성덕 (聖德)과 순수함이다.
이것이 문왕을 문(文)이라 칭송하는 까닭이니, 하늘의 명(命)이 영원하듯이 이 또한 하염없다.

【난자 참고】

故:그런 까닭에.
徵:징험, 징조.
博:넓다. 풍부하다.
所以:원인, 까닭.
高明:하늘, 무한한 우주.
載:싣다. 충만하다. 覆:덮다. 뒤집다.
配:맞추다. 짝을 이루다.
疆:끝, 한계, 경계.
無疆:무한한 시간.
見:나타내다.
章:'彰'과 동의어. 밝다, 빛나다.
爲:하려함.
測:헤아리다.
昭昭:밝고 밝음.
繫:주렁주렁 매달려 있음.
焉:(하늘)장소를 나타내는 뜻.
一撮:한 줌.
多:모여.
華嶽:중국 오악의 하나인 화산의 설이 있으나 화산과 악산 둘을 모두 이르는 말.
伍嶽:중국의 이름난 다섯 산. 타이산 산(泰山山), 화산(華山), 헝산 산(衡山山), 항산 산(恒山山), 쑹산 산(嵩山山)을 이른다.
振:흘러가다.
卷:한 줌, 한 주먹.
黿鼉蛟龍:큰 자라, 악어, 교룡, 자라.
於:'오!'하는 감탄사.
穆:화목, 찬란히 빛남.

중용 제27장

大哉聖人之道. 洋洋乎發育萬物, 峻極于天.
  優優大哉 禮儀三百, 威儀三千.
待其人而後行, 故曰苟不至德, 至道不凝焉.
故君子尊德性而道問學. 致廣大而盡精微. 極高明而道中庸.
  溫故而知新, 敦厚以崇禮.
是故, 居上不驕, 爲下不倍. 國有道, 其言足以興.
  國無道, 其默足以容.
詩曰 旣明宜哲, 以保其身, 其此之謂與.

대재성인지도, 양양호발육만물, 준극우천.
  우우대재 예의삼백, 위의삼천.
대기인이후행, 고왈구부지덕, 지도불응언.
고군자존덕성이도문학. 치광대이진정미. 극고명이도중용.
  온고이지신, 돈후이숭례.
시고, 거상불교, 위하불배. 국유도, 기언족이흥.
  국무도, 기묵족이용.
시왈 기명의철, 이보기신, 기차지위여

☞ 要約한 內容

위대하도다. 성인(聖人)의 도여. 천지 가득 만물이 발육되어 도처에 두루 충만하니, 이 또한 하늘처럼 높고 숭고하다. 넉넉하고 풍족함이 정말 대단하고, 예(禮)의 항목이 삼백 가지에 이르고, 예의 세목이 삼천 종이네.
그와 같은 사람을 기다려 뒷날 행해질 것인데 그러나 만일 덕성이 지고한 사람이 나오지 않으면, 그 위대한 도는 응결되어서 더 이상 실행되지 않는다.

그러므로 군자는 덕성을 존중하고 학문에 정진해서, 광대함과 정미함에 모두 이르고, 고명한 경지에 도달하여 중용(中庸)의 도리를 잘 지켜야한다. 옛것을 배우고 익혀 새로운 것을 알고, 소박한 심성을 두텁게 하고 예절을 숭상해야한다.

이런 까닭에 위에 있어도 교만하지 않고, 아래에도 배반하지 않아야 한다. 나라에 도리가 있을 때에는, 그 옳은 말과 행동으로 벼슬을 할 수도 있다. 나라에 도리가 없어진 때에는 그 침묵하는 자세로 어쩔 수 없음을 받아들여야한다.

시경에 이르기를 "세상 이치에 밝아야 자신을 잘 보호할 수 있다"라는 말이 있는데 그런 것이 바로 이를 말함이다

【난자 참고】

哉:어조사.
洋洋:도처에 충만한 상태, 많음을 이르는 말.
峻:매우 크고 높다.
優優:넉넉하고 모양.
禮儀:존경의 뜻을 표하기 위한 예절.
威儀:몸가짐 따위에 대한 세세한 예절.
苟:진실로, 만일.
凝:엉기다.
倍:배반하다.'背'자와 같은 동의어.
足:행동, 실천하다, 가치를 두다.
興:입신양명, 벼슬을 하다.
容:받아들임, 수용함.
謂:가리키다, 설명하다, 일컫다.
與:감탄의 어기조사.

중용 제28장

子曰 愚而好自用, 賤而好自專. 生乎今之世, 反古之道.
如此者, 災(烖)及其身者也.
非天子, 不議禮, 不制度, 不考文.
今天下車(不)同軌, 書(不)同文, 行(不)同倫.
雖有其位, 苟無其德, 不敢作禮樂焉.
雖有其德, 苟無其位, 亦不敢作禮樂焉.
子曰 吳說夏禮, 杞不足徵也, 吳學殷禮, 有宋存焉.
吳學周禮, 今用之, 吳從周.

자왈 우이호자용, 천이호자전. 생호금지세, 반고지도.
여차자, 재급기신자야.
비천자, 불의예, 부제도, 불고문.
금천하차동궤, 서동문, 행동륜. 수유기위, 구무기덕,
불감작례낙언.
수유기덕, 구무기위, 역불감작예낙언.
자왈 오열하례, 기부족징야, 오학은례, 유송존언.
오학주례, 금용지, 오종주.

☞ 要約한 內容

공자께서 말씀하시길, 우매한 사람은 꼭 자기주장이 옳다하고, 비천한 사람은 제 멋대로 행동하는 것을 좋아하며, 현세에 살면서도 예부터 전해져오는 도리를 거스를 때가 있다.
이와 같은 자들은 그 화가 자신에게 미치게 됨을 알아야 한다.
천자가 아니면, 의례를 만들 수 없고, 법도도 제정할 수 없으며, 문서도 고증할 수도 없다.

이제 세상은 수레의 궤가 같고, 서책의 글이 같으며, 행위의 윤리도 같다.
비록 그 위가 있더라도 진실로 덕이 없으면, 감히 예악을 제정할 수가 없다.

(여기서는 '不'자가 빠진 듯하다. 그리고 해석도 '수레의 궤가 같지 않고, 서책의 글도 같이 않고, 행위의 윤리도 같지 않다.'로 재해석 되어야 할 듯하다.)

비록 그 덕이 있더라도 진실로 위가 없으면, 또한 감히 예악을 제정할 수가 없다.
공자께서 말씀하시길, 나는 하(夏)나라의 예법을 말할 수 있으나, 기(杞)나라에는 증거가 부족하다. 나는 은(殷)나라에서 예법을 배웠으며, 송(宋)나라는 그것을 보존하고 있다. 나는 주나라의 예법을 배웠으니, 지금은 그것을 쓰고 있고, 그래서 나는 주나라의 예법을 따르는 것이다.

【난자 참고】

愚:어리석음.
好:옳다, 바르다.
自用:자기의 생각, 자기의 주장.
賤:지위가 낮은 것.
自專:자기 마음대로 함, 제멋대로 하는 일.
生乎:삶, 살아감.
今之世:현세, 지금의 세상.
反:되돌아 감.
及:…이르다.
考文:문헌이나 유물 따위의 증거를 밝힘, 문서에 대한 증명.
軌:수레의 바퀴.
位:권한 있는 자리.
苟:진실로.
說:'悅'자와 동의어. 좋아한다.
徵:증거.
用:사용되다, 통용되다.

중용 제29장

王天下有三重焉, 其寡過矣乎!
上焉者, 雖善無徵, 無徵不信, 不信民弗從.
下焉者, 雖善不尊, 不尊不信, 不信民弗從.
故君子之道, 本諸身, 徵諸庶民, 考諸三王而不繆,
　建諸天地而不悖.
　質諸鬼神而無疑, 百世以俟聖人而不惑.
質諸鬼神而無疑, 知天也. 百世以俟聖人而不惑, 知人也.
是故, 君子動而世爲天下道, 行而世爲天下法,
　言而世爲天下則.
　遠之則有望, 近之則不厭.
詩曰 在彼無惡, 在此無射, 庶幾夙夜, 以永終譽.
　君子未有不如此, 而蚤有譽於天下者也.

왕천하유삼중언, 기과과의호!
상언자, 수선무징, 무징불신, 불신민불종.
하언자, 수선부존, 부존불신, 불신민불종.
고군자지도, 본제신, 징제서민, 고제삼왕이불무,
　건제천지이불패.
　질제귀신이무의, 백세이사성인이불혹.
질제귀신이무의, 지천야. 백세이사성인이불혹, 지인야.
시고, 군자동이세위천하도, 행이세위천하법,
　언이세위천하즉.
　원지즉유망, 근지즉불염.
시왈 재피무악, 재차무사, 서기숙야, 이영종예.

군자미유불여차, 이조유예어천하자야.

☞ 要約한 內容

임금이 세상을 다스림에 있어 세 가지 중요함이 있는데, 그것을 갖추면 과오를 줄일 수 있어요!
옛 시대의 것은 비록 좋다고 하더라도 검증할 수가 없고, 검증할 수가 없으니 믿지 않고, 믿지 않으니 백성들은 따르지 않는다.
근래 것은 비록 훌륭해도 높여지지 아니하고, 높여지지 아니하니 믿지 않고, 믿지 않으니 백성들이 따르지 않는다.
그러므로 군자는 도를 행함에 있어, 먼저 덕성의 바탕이 자신에게 있는가를 모든 백성으로부터 검증 받아야 하고, 삼대에 걸쳐 상고해보아도 착오가 없어야 하며, 세상 어디에 세워도 어긋남이 없어야 한다.
모든 신께 물어봐도 의심할 것이 없다는 것은, 천도에 부합됨을 아는 것이고, 백년을 기다려 나타난 성인에게도 의심스럽지 않으면, 사람의 도리에 부합됨을 아는 것이다.
이러한 까닭에 군자의 움직임은 그것이 바로 세상의 도리가 되고, 그것을 행하면 바로 세상의 법도가 되며, 무슨 말을 하면 그것이 바로 세상의 법칙이 된다.
그러므로 멀리에 있어서도 곧 우러러보게 되며, 가까이에 있어서도 싫어하지 않게 된다.
시경에 이르기를 "저기에 있는 사람도 미워함이 없고, 여기에 있는 사람도 싫어 하는 사람이 없다. 거의 새벽부터 밤까지 힘들게 애쓴 결과 오래오래 명예스럽게 마치셨다."라고 하였다.
군자가 이와 같이 하지 않고서는 일찍이 명예로움을 세상에 가지게 된 자는 없었다.

【난자 참고】

王:다스림, 통치하다.
三重:의례, 제도, 고문(儀禮, 制度, 考文)
寡:적다, 줄이다.
過:실책, 과오.
上焉:옛 시대의 예법이나 제도.
善:좋음, 훌륭함.
徵:검증, 증명함.
弗:'不'자와 동의어.
下焉:근대의 예법이나 제도.
君子:성인의 덕을 갖춘 사람.
本諸:덕성의 바탕.
諸庶民:모든 백성.
考:상고해 봄.
繆:착오.
悖:거슬리다.
俟:기다리다.
質:묻다.
是故:이런 까닭에.
惡:증오, 미워하다.
射:'厭'자와 동의어, 싫어함.
庶:거의.
幾:위태롭게.
夙夜:새벽, 온 종일.
終:생을 마감, 마치다.
蚤:'早'자와 동의어.

중용 제30장

仲尼祖述堯舜, 憲章文武. 上律天時, 下襲水土.
辟如天地之無不持載, 無不覆幬.
辟如四時之錯行, 如日月之代明.
萬物竝育而不相害, 道竝行而不相悖. 小德川流, 大德敦化.
此天地之所以爲大也.

중니조술요순, 헌장문무. 상률천시, 하습수토.
벽여천지지무부지재, 무불복도.
피여사시지착행, 여일월지대명.
만물병육이불상해, 도병행이불상패. 소덕천류, 대덕돈화.
차천지지소이위대야.

☞ 要約한 內容

공자께서는 요임금과 순임금을 으뜸으로 본받으며, 문왕과 무왕이 세운 법도를 본받았다. 위로는 하늘의 운행법칙에 순응하고, 아래로는 물과 흙의 품성에 맞추시었다.
비유컨대 천지처럼 실리지 않은 것은 없고, 덮어 감싸주지 않은 것도 없다.
비유컨대 사계처럼 번갈아 운행됨과 같고, 해와 달이 교대로 빛을 발하는 것과 같다.
만물은 함께 화육되지만 서로를 방해하지 않고, 도가 함께 실행되지만 서로 어긋남이 없다.
작은 덕성이 시냇물처럼 흐르지만, 큰 덕성은 돈독하게 변화를 이룬다. 이런 것이 바로 천지의 위대함이다.

【난자 참고】

仲尼:공자님.
祖述:으뜸으로, 근본적으로, 선인의 뜻을 받들고 본받다.
憲章:법도, 제도.
律:법칙, 순응, 실천하다.
時:때, 자연의 운행.
襲:인습, 본받다.
辟:'譬'자와 동의어. 예컨대, 비유하다.
如:처럼, 같이.
覆幬:덮어 가림.
四時:사계절.
錯行:번갈아 바뀌다.
代:교대, 번갈아.
辟:함께, 나란히 하다.
害:방해하다.
道:우주 작용의 이치.
悖:어긋나다.
小德:자신과 남을 구별하여 일체를 이루지 못하는 작은 덕성.
大德:자신과 남의 구별을 초월하여 남을 자기처럼 소중하게 대하는 상태.

중용 제31장

唯天下至聖, 爲能聰明睿知, 足以有臨也, 寬裕溫柔,
足以有容也.
發强剛毅, 足以有執也. 齊莊中正, 足以有敬也. 文理密察,
足以有別也.
溥博淵泉而時出之. 溥博如天, 淵泉如淵. 見而民莫不敬,
言而民莫不信, 行而民莫不說.
是以聲名洋溢乎中國.
施及蠻貊, 舟車所至, 人力所通, 天之所覆, 地之所載,
日月所照, 霜露所墜, 凡有血氣者, 莫不尊親.
故曰配天.

유천하지성, 위능총명예지, 족이유임야, 관유온유,
족이유용야.
발강강의, 족이유집야. 제장중정, 족이유경야. 문리밀찰,
족이유별야.
부박연천이시출지. 부박여천, 연천여연. 현이민막불경,
언이민막불신, 행이민막불설.
시이성명양일호중국.
시급만맥, 주차소지, 인력소통, 천지소복, 지지소재,
일월소조, 상로소추, 범유혈기자, 막불존친.
고왈배천.

☞ 要約한 內容

오직 세상에서 지극함에 이른 성인만이 총명과 예지의 능력을 갖출 수

있고, 온 누리에 사람과 만물을 대신해서 인문세계 창달을 위해 임할 수 있다.
너그럽고 넉넉하며 온화하고 부드러우매, 근본적으로 그 품안에 모두를 포용할 수 있다.
강건하고 굳세어서, 근본적으로 결단력을 잡고 추진할 수 있다.
몸가짐이 단정하고 장중하며 중정하여, 근본적으로 그를 아는 사람은 존경심을 갖게 된다.
학문의 이치를 정밀히 관찰하여, 근본적으로 시비와 혼란을 분별할 수 있다.
두루 넓고 깊은 못에 샘물 같다. 늘 멈춤이 없으며, 두루 넓음은 마치 하늘같고, 샘물의 깊음은 연못에 심원함과 같다.
백성들이 보고 존경하지 않는 사람이 없고, 말씀을 듣고 백성이 믿지 않는 사람이 없으며, 행동하면 백성들이 기뻐하지 않는 사람이 없었다.
이 때문에 그 명성이 바다처럼 넘쳐나서 모든 곳으로 파급되었다. 남 · 북쪽 변방까지 그 영향이 미치게 되고, 배와 수레가 이르는 곳이나, 사람이 다니는 곳이나, 하늘이 덮은 곳이나, 대지가 떠받치고 있는 곳이나, 해와 달빛이 비추고 있는 곳이나, 서리와 이슬이 내리는 모든 곳에서도, 무릇 혈기를 지니고 있는 사람으로서, 그를 존경과 친애하지 않는 사람이 없었다. 그러므로 하늘과 짝했다고 하는 것이다.

【난자 참고】

爲: ~지니다, ~갖추다.
足以有: 근본적으로 ~할 수 있다.
臨: 임하다. 나아가다.
容: 포용하다, 용납하다.
執: 결단력을 잡다.

齊:단정함.
敬:공경하다, 존경하다.
文理:학문의 이치.
密察:세밀한 관찰.
別:구별, 분별하다.
時:늘, 때대로.
出:멈춤이 없음.
見:'現'자와 같은 동의어.
莫:없다.
是以:이 때문에, 그렇기 때문에.
溢:가득차 넘치다.
中國:모든 곳곳.
施:펼치다. 발휘되다.
蠻:남방민족,
貊:북방민족.
隊:내리다. 떨어지다.
故:그러므로.
配天:하늘에 비견하다.

중용 제32장

唯天下至誠, 爲能經綸天下之大經, 立天下之大本,
知天地之化育.
夫焉有所倚.
肫肫其仁, 淵淵其淵, 浩浩其天.
苟不固聰明聖知, 達天德者, 其孰能知之.

유천하지성, 위능경륜천하지대경, 립천하지대본, 지천지지화육.
부언유소의?
순순기인, 연연기연, 호호기천.
구불고총명성지, 달천덕자, 기숙능지지?

☞ 要約한 內容

오직 천하의 지극한 정성스러움만이, 천하의 대경(大經)을 능히 경륜(經綸)할 수 있고, 천하에서 가장 중요한 큰 근본을 수립할 수 있으며, 천지만물화육의 도리를 주관하게 된다.
대저 그 무엇에 의존할 수 있겠는가. 그의 인자함은 매우 정성스럽고, 그의 심원함은 깊고 깊어 지극히 고요하고, 그의 천도(天道)는 매우 넓고 넓어 무변광대할 뿐이다.
진실로 본래 총명예지하여 천덕(天德)을 달통한 성인만이 그 지성(至誠)의 이치를 능히 알 수 있다.

【난자 참고】

誠:정성스러운 마음. 참된 말을 이룸.
大經:큰 일, 최고의 준칙, 사람이 지켜야 할 큰 도리, 가장 근본이 되는 경전. 중국의 유교 경서 가운데 당나라 때에 진사(進士) 시험과목으로 채택되었던《예기》와《춘추좌씨전》을 통틀어 이르는 말.
經綸:세상을 다스림, 큰 포부를 갖고 어떤 일을 조직적으로 계획함.
焉:어디, 어찌, 누구, 어떻게.
倚:의존하다, 의지하여 기대다.
肫肫:매우 정성스러운 모양. 성실한.
其:어기조사.
淵淵:깊고 깊은 모양.
浩浩:매우 넓고 넓은 모양.
苟:진실로.
固:본래.
孰:누구. 무엇이.
之:첫 구에 '唯天下至誠'을 가리키는 의미.

중용 제33장

詩曰 衣錦尙絅. 惡其文之著也, 故君子之道, 闇然而日章,
  小人之道, 的然而日亡.
  君子之道, 淡而不厭, 簡而文, 溫而理, 知遠之近,
  知風之自, 知微之顯, 可與入德矣.
詩云 潛雖伏矣, 亦孔之昭. 故君子內省不疚, 無惡於志,
  君子之所不可及者, 其唯人之所不見乎.
詩云 相在爾室, 尙不愧于屋漏.
  故君子 不動而敬, 不言而信.
詩曰 奏假無言, 時靡有爭.
  是故君子 不賞而民勸, 不怒而民威於鈇鉞.
詩曰 不顯惟德, 百辟其刑之. 是故 君子篤恭而天下平.
詩云 予懷明德, 不大聲以色. 子曰 聲色之於以化民, 末也.
詩曰 德輶如毛, 毛猶有倫. 上天之載, 無聲無臭, 至矣.

시왈 의금상경. 오기문지저야, 고군자지도, 암연이일장,
  소인지도, 적연이일망.
  군자지도, 담이불염, 간이문, 온이리, 지원지근,
  지풍지자, 지미지현, 가여입덕의.
시운 잠수복의, 역공지소. 고군자내성불구, 무오어지,
  군자지소불가급자, 기유인지소불견호.
시운 상재이실, 상불괴우옥루.
  고군자 부동이경, 불언이신.
시왈 주가무언, 시미유쟁.
  시고군자 불상이민권, 불노이민위어부월.

시왈 불현유덕, 백벽기형지. 시고 군자독공이천하평.
시운 여회명덕, 불대성이색. 자왈 성색지어이화민, 말야.
시왈 덕유여모, 모유유륜. 상천지재, 무성무취, 지의.

☞ 要約한 內容

시경에 이르기를 "비단 옷을 입고 위에 홑옷을 걸치네."라 했으니 그것은 문채가 드러남을 싫어하고 꺼리기 때문이다.
그러므로 군자의 도리(道理)는, 어둠 속에서 흐릿하나 날로 선명해지고, 소인의 도리(道理)는, 처음(목적)엔 선명하나 날로 흐려진다.
군자의 도리는 담담해도 까칠하지 않으며, 쉽고 간단해도 고상하며, 온화해도 체계가 있고, 멀리가려면 가까운데서 시작됨을 알며, 바람이 이는 느낌마저도 자신에게서 비롯됨을 알고, 은미한 징험에서 나타날 현상을 안다면, 가히 달덕(達德)의 길로 들었음이다.
시경에 이르기를 "잠겨서 비록 숨어 있지만, 이 또한 잘 드러난다."하였다. 그러므로 군자는 스스로 내면을 살펴서 병폐가 없어야하고, 마음에 부끄러움과 걸림이 없어야 한다. 군자에게도 가히 미치지 못하는 것이 있는데, 그것은 오직 남에게 보이지 않는 일이다.
시경에 이르기를 "네가 집에 홀로 있을 때 보아도, 오히려 부끄러움이 집밖으로 새나가지 않아야한다. 그러므로 군자는 행동을 보이지 않아도 공경하며, 말로 표현하지 않아도 믿고 따르는 것이다.
시경에 이르기를 "말없이 신의 강림을 성대히 받들어 모시니, 이런 때에 사람들은 다툼이 있지 않았다."고 하였다. 이러므로 군자가 상을 내리지 않아도 백성들은 힘써 일했으며, 화를 내지 않아도 백성들은 도끼보다도 더 두려움을 갖는다.
시경에 이르기를 "드러내지 않음은 오직 덕(德)일 뿐, 제후들은 그 덕을 본받으려 하네."하였다. 이러므로 군자의 독실한 겸공(謙恭)이 천하를 태평하게 하였다.
시경에 이르기를 "나는 밝은 덕성을 품었으므로, 큰소리와 표정이 필요 없네."라고 말씀하셨다.
공자께서 말씀하시기를 "호령으로 백성을 다스리고 교화시키는 것은, 가장 뒤떨어진 방법이다."라고 말씀하셨다.
시경에 이르기를 "덕(德)은 터럭과 같고 터럭은 가볍고 미세해도 모양이 있다.
하늘은 만물을 생육함에, 소리도 없고 냄새도 없으나 오로지 지고지선(至高至善) 뿐이시네."라고 하였다.

【난자 참고】

尙:걸치다, 위에 덧입다.
絅:홑 겉옷.
惡:꺼림, 싫어함.
文:무늬, 화려한 문채.
著:드러남.
故:그러므로, 본래.
闇:'暗'자와 동의어. 어둠. 흐리다.
章:뚜렷함.
的然:선명함, 환하게 드러나는 모양.
亡:없어짐, 흐릿함.
厭:까칠하다, 싫어하다.
簡:쉽고 간단함.
理:체계적, 조리가 있다.
自:시작의 근원.
與:보냄. 도와줌.
孔:잘, 매우.
昭:밝음, 드러남, 뚜렷하다.
疚:괴로움. 마음의 고통.
惡:나쁜 것, 싫어하다. 증오함.

相:관찰하여 보다.
尙:또한, 오히려, 아직.
愧:부끄러운 것. 양심에 거리낌.
屋漏:집안 서북쪽으로 구석지고 음습하여 곳.
假:성대한, 신의 강림.
奏:아뢰다. 받들다. 靡:'無'자와 동의어. 없다.
威:두려움.
鈇鉞:큰 도끼, 형을 집행할 때 쓰는 무기.
不:'丕'크다. 동의.
惟:오직. 다만.
百辟:제후.
刑之:그것을 본받다.
不顯:드러나지 않음, 위대한 광명.
懷:그리워함.
末:말단, 뒤떨어짐.
輶:가벼움.
倫:무리, 모습이나 모양.
載:싣다. 만물을 생육함.
至矣:지고지선.

중용 제1장～제33장 원문 마감

【참고 인용】

중용 제1장～제33장 까지 원문과 한자어 뜻 인용에 있어서는 중용관련 많은 책을 참고하였으나 그 중에서도 김충열,「김충열 교수의 중용대학강의」, 예문서원, 2007, 113p～274p 까지. 양방웅,「중용과 천명」, 예경, 2006, 42p～482p 까지. 류연모 · 박영호,「공자가 사랑한 하느님」, 교양인, 2010, 43p～484p 까지. 박완식,「중용」, 여강출판사, 2005, 580p～665p 까지. 이기동,「대학 · 중용강설」,성균관대학교출판부, 1991, 107～267p 까지 함께 참고인용 되었음을 밝혀둡니다.